Émilie Courtat

Arbres fruitiers

Les conseils d'un spécialiste
pour prendre soin de vos arbres
et récolter de beaux fruits

Illustrations : Nicole Colin

Collection dirigée
par Patrick Mioulane

HACHETTE

SOMMAIRE

Une longue histoire

Voici un exemple parfait d'arbre fruitier en espalier planté dans le potager historique de Saint-Jean-de-Beauregard.

Nos arbres fruitiers sont originaires d'Asie centrale, du Caucase et de Chine. Mais il y a eu tant de croisements, y compris avec des espèces voisines européennes, et de siècles de sélection que l'on ne sait pas vraiment reconstituer leur arbre généalogique.
Les premiers vergers connus ont vu le jour en Égypte, le long du Nil, et en Perse (aujourd'hui l'Iran). Dans l'Antiquité, les Romains mangeaient déjà pommes, poires, coings, pêches, prunes, cerises et amandes. Ils nous les ont fait connaître par les échanges commerciaux, mais aussi grâce au hasard : il semble que des pépins de pomme recrachés par les soldats romains au fil de leurs pérégrinations aient donné naissance à des pommiers sauvages dans notre pays !
Une bonne partie de la connaissance des arbres fruitiers s'est perdue durant les siècles tumultueux qui ont suivi la chute de l'Empire romain. On sait cependant que les moines cultivaient des arbres fruitiers dans leurs monastères, au Moyen Âge.
Développé à partir du XVIIe siècle, l'art délicat de la culture en espaliers est longtemps resté réservé à une élite. Ce n'est qu'après la Révolution que les paysans et le peuple purent bénéficier d'indispensables vitamines, en plantant des arbres dans les prés ou les jardins. Se sont alors multipliées les variétés locales, idéalement adaptées à un terroir ou à un usage donné.
Après la Seconde Guerre mondiale, on s'est mis à préférer l'aspect esthétique du fruit à sa qualité gustative, et l'on a découvert les variétés américaines cultivées à grande échelle. Mais au jardin d'amateur, on redécouvre le plaisir unique de croquer un fruit mûri sur l'arbre et cueilli à point, et le moindre jardinet s'enorgueillit aujourd'hui de « son » arbre fruitier : le verger d'hier s'intègre désormais au jardin d'ornement, pour le plaisir de tous nos sens...

Choisir un arbre fruitier

Le choix d'un arbre fruitier doit être mûrement réfléchi car selon l'espèce, la variété et la forme que vous aurez retenues, l'aspect esthétique de l'arbre, son encombrement, sa robustesse et bien sûr sa productivité, seront tout différents.

Le choix d'une espèce

Il dépend de vos goûts, bien sûr, mais surtout des conditions de culture que vous pouvez offrir à l'arbre : des hivers doux, un sol caillouteux feront le bonheur de l'abricotier, mais un pommier ne pourra qu'y végéter.

Selon le climat

Évitez les problèmes et les déconvenues en choisissant d'avance un arbre fruitier adapté à votre climat. Un arbre à l'aise dans les conditions qui lui sont offertes produira abondamment et régulièrement, en nécessitant peu de soins. En revanche, une espèce mal adaptée à votre région se montrera plus sensible aux maladies et aux parasites, et exigera de nombreux traitements.

Toutes les régions de France ne sont pas égales en matière d'heures d'ensoleillement et de quantités de pluie reçue. Il ne faut pas croire pour autant que la moitié Sud ait plus de chance que l'autre : il y fait trop chaud et trop sec en été pour obtenir des poires ou des mirabelles juteuses, des pommes croquantes et parfumées. Cerisiers et pêchers y réussissent mieux, sans toutefois se trouver à l'abri des gelées tardives qui sévissent régulièrement dans le Sud-Ouest ou dans la vallée du Rhône. Les climats à tendance océanique sont très appréciés des pommiers et des poiriers, qui peuplent traditionnellement les prairies bretonnes, picardes et normandes. Les régions au climat plus continental – c'est à-dire froid l'hiver mais chaud et sec l'été – conviennent idéalement aux pruniers et notamment aux mirabelles, emblèmes de l'Alsace-Lorraine. Les microclimats étant légion dans notre pays, il est néanmoins possible de cultiver plusieurs types de fruits dans la plupart des jardins. Au sein de chaque espèce, on a en outre le choix entre des variétés aux exigences très différentes (voir page 12).

Les arbres fruitiers craignent davantage les printemps capricieux que les hivers rudes.

Les pommiers : froid et humidité indispensables !

Les climats maritimes du Nord (côte normande) ou moyens (région parisienne) sont parfaits pour la plupart des pommiers. Il faut à ces derniers, au minimum, 550 mm d'eau de pluie par an. Ils ont absolument besoin, pour bien fructifier… de froid hivernal. Les hivers ultra-doux de la région de Perpignan, par exemple, n'offrent pas aux pommiers le nombre d'heures de froid (proche de 0 °C) qui leur sont nécessaires pour bien se reposer : jusqu'à mille selon les variétés !

Non seulement les pommiers produisent mal dans le Midi mais, même avec un appoint d'arrosage, ils s'y montrent plus sensibles aux maladies. Sans compter que les fruits obtenus s'avèrent de moindre saveur ! Pour tempérer ce propos, signalons toutefois que l'on cultive avec succès les pommiers dans les régions méridionales de petite montagne, jusqu'à 1 000 m d'altitude. L'arbre résiste sans problème à – 20 °C ou – 30 °C.

Les poiriers : gare aux excès

Un été sans soleil ou au contraire trop chaud et voici toutes les poires dures ou farineuses ! Une saison très humide et elles pourrissent avant de mûrir… Les poiriers peuvent réussir à peu près partout mais ils portent une récolte de qualité inégale s'ils ne bénéficient pas de leur idéal, à savoir 700 mm de pluies par an et un climat tempéré moyen. La zone de prédilection du poirier se situe entre la région parisienne et les côtes de la Manche, mais de nombreux microclimats sont bénéfiques.

Le prunier résiste bien aux basses températures et ses floraisons ne craignent pas les gelées.

Le pêcher est résistant aux hivers rigoureux ; il craint cependant les climats humides.

Il peut pousser en montagne jusqu'à 1 000 m. Il fleurit plus tôt que le pommier, ce qui expose davantage ses fleurs aux gelées.

Les pruniers : peu exigeants

Les pruniers viennent difficilement dans les lieux excessivement froids et pluvieux, mais ils supportent à merveille les vents les plus forts. Choisissez avec soin vos variétés de prunes (voir page 18) : mirabelles et quetsches préfèrent le quart nord-est du pays, les nouvelles sélections américaines ou japonaises la moitié Sud.
Le prunier résiste sans sourciller à – 30 °C. Il fleurit dès fin mars, voire plus tôt selon la région et la météo. Heureusement, ses petites fleurs très nombreuses, à l'épanouissement échelonné sur plusieurs semaines, craignent moins les gelées que celles des autres espèces. Il est donc bien rare que la récolte soit réduite à néant.

Les abricotiers : printemps doux exigé

L'abricotier est un arbre très rustique, pouvant supporter – 25 °C, contrairement à ce que l'on croit souvent. Son problème, c'est qu'il fleurit dès la fin février ou au début de mars, même dans la moitié Nord. Ses fleurs sont donc exposées aux températures négatives des nuits encore froides et ne donnent pas régulièrement de fruits. Dans le Nord, il gèle la nuit lorsque le ciel est dégagé à

Lorsqu'il est en fleur, l'abricotier craint les gelées tardives. En conséquence, il exige des printemps doux et précoces pour fructifier régulièrement.

cette époque. S'il fait doux, c'est que le temps est nuageux et bien souvent pluvieux... ce qui n'est pas davantage apprécié ! C'est pourquoi, en dehors du Midi, on cultive des variétés à floraison plus tardive que la moyenne (voir page 21), de préférence à l'abri d'un mur exposé au sud.

Les pêchers : amoureux du soleil

Le pêcher montre, en sol sec, une bonne résistance à nos hivers (– 20 °C ne lui font pas peur), mais sa floraison très précoce échappe rarement aux gelées nocturnes dans la moitié Nord. Même dans la vallée du Rhône, où ils peuplent traditionnellement les vergers, on craint chaque année les effets du mistral. La pollinisation peut souffrir de l'absence d'abeilles. Par ailleurs, les climats humides favorisent la cloque, maladie redoutable pour les pêchers, surtout dans les régions les plus septentrionales.

Le cerisier : pour tous

Le cerisier peut être planté partout en France, jusqu'à 1 000 m d'altitude. Ses fleurs sont sensibles aux dernières gelées printanières. Des débuts d'étés trop pluvieux ou alternant chaleur et fraîcheur font éclater les fruits. Certaines années, la récolte n'est pas à la hauteur de nos espérances, surtout si avril a été pluvieux et venteux. Mais, en choisissant une variété adaptée (voir page 17), on se régale au moins quatre année sur cinq !

Les poiriers aiment tout particulièrement les terrains riches et profonds.

Selon la nature du sol

Presque autant que le climat, le terrain contribue au bon développement, ou non, d'un arbre fruitier. Les problèmes dus à un sol inadapté ne sont pas forcément visibles durant les premières années.
C'est lorsque les racines de l'arbre atteignent les couches profondes du sol qu'il dépérit parfois subitement. N'hésitez pas à faire effectuer une analyse du sol et du sous-sol par un laboratoire spécialisé.

Limoneux, profond, sain
Votre sol convient parfaitement au poirier. Ce dernier n'est pas gêné par un sol assez compact et argileux, du moment que l'eau n'y stagne pas longtemps. Le pommier montre la même tolérance, à laquelle s'ajoute un bon comportement dans un terrain calcaire, contrairement au poirier. Tous les pruniers, sauf les reines-claudes, devraient se plaire dans ce sol, ainsi que le cerisier.

Sableux, léger, filtrant
Bien enrichi en humus (compost ou fumier décomposé), votre terrain fera le bonheur du pêcher. Les pruniers, surtout les reines-claudes, sont pour vous. Avant d'y planter un cerisier, apportez du compost et un engrais de fond (voir page 37). Pommiers et poiriers en revanche n'y trouveront pas l'humidité et la nourriture dont ils ont besoin.

Caillouteux, calcaire, filtrant
C'est l'habitat de prédilection de l'abricotier. Le pêcher y prospérera aussi, après un apport de matières organiques et si le climat lui est favorable. Vous pouvez également adopter un prunier, de préférence une mirabelle. Le cerisier se contentera aussi de ce type de sol.

Marneux, à tendance spongieuse
Ce genre de terrain ne convient dans l'état à aucun arbre fruitier. Vous pouvez tenter une variété très rustique de prunier, cette espèce s'adaptant parfois de façon surprenante à des conditions défavorables.

Selon son intérêt esthétique

Si vous manquez de place pour planter plusieurs arbres, il faut que l'élu réunisse toutes les qualités. Les arbres fruitiers sont tout aussi décoratifs, au

Question de porte-greffe
Plusieurs porte-greffe sont disponibles pour chaque espèce, certains présentant l'avantage de s'adapter aux terrains peu favorables. On plante en terrain légèrement calcaire, par exemple, des poiriers greffés sur cognassiers. Le sujet étant assez complexe, adressez-vous à votre pépiniériste si vous avez décidé de tenter un abricotier en sol gras ou un poirier en terrain à tendance calcaire, par exemple.

Le spectacle d'un arbre fruitier en fleur vaut celui des plus belles espèces ornementales. Le pommier est le fruitier qui vous offrira la plus belle floraison.

moment de leur floraison, que certaines espèces ornementales. En outre, la plupart des fruitiers rivalisent d'élégance avec leurs feuillages d'automne.
À vous donc de choisir celui qui vous plaît le plus par ses qualités esthétiques : silhouette, feuillage, fleurs et même écorce, chez le cerisier par exemple. Pensez aussi au développement de l'arbre à l'âge adulte. Bien sûr il dépend de la forme choisie (voir page 23), mais aussi de l'espèce. Les cerisiers sont les plus imposants. Les pêchers restent toujours petits et peu encombrants. Abricotiers et pruniers adoptent généralement le gabarit moyen qui convient bien aux jardins actuels, similaire à celui des prunus ornementaux. Poiriers et pommiers donnent une indéniable touche champêtre au décor, car ils vieillissent très bien, avec leur tronc et leurs branches qui se crevassent.

Si vous aimez

• *Les beaux feuillages d'automne :* vous adorerez le pêcher, dont les bouquets lâches de feuilles en forme de lance rougissent à l'automne et persistent longtemps sur l'arbre. Quant au cerisier, c'est souvent un festival flamboyant dans les rouges et les pourpres.
• *La légèreté des formes :* la myriade de petites fleurs du prunier, les fines feuilles en forme de cœur de l'abricotier ainsi que sa silhouette aérée vous séduiront.
• *Les ramures bien dessinées :* optez pour le poirier dont la forme en pyramide inversée se montre toujours d'une grande élégance, de même que son feuillage brillant.

Le choix d'un arbre fruitier relève aussi de vos goûts et de l'utilisation que vous pourrez faire de la récolte.

• *Les lignes arrondies et douces :* les sublimes fleurs (les plus grandes avec celles du néflier et du cognassier) rose et blanc du pommier feront votre conquête, ainsi que son feuillage mat et duveteux. En tige, en demi-tige ou même en gobelet, le pommier adopte une silhouette ronde et bon enfant qui trouve sa place partout.

• *L'arbre avec un grand « A » :* écorce magnifique en hiver, branches solides, port noble qui inspire le respect, le cerisier vous apportera en été un ombrage rafraîchissant digne d'un platane ou d'un marronnier.

Selon vos goûts et vos besoins

C'est une affaire personnelle : croquer la poire juteuse que vous ne trouverez pas dans le commerce, grimper dans un cerisier pour vous barbouiller de jus acidulé, stocker jalousement des pommes parfumées pour tout l'hiver, laisser éclater entre vos dents la peau délicieuse d'un abricot gorgé de soleil… À chacun son rêve, qu'il est facile pour une fois d'exaucer.
Vous savez dire sans hésiter quel est votre fruit préféré, mais avez-vous pensé à quelques détails qui ont leur importance ?

Vous partez en vacances durant un mois chaque été
Choisissez un arbre fruitier dont la période de récolte ne coïncide pas avec votre absence ! Le cerisier vous régalera dans la plupart des cas avant votre départ. Pommiers et poiriers attendront généralement votre retour, ainsi que les prunes les plus tardives. Mais abricots, pêches et mirabelles ont de fortes chances de mûrir pour rien sur leur arbre abandonné en pleine production.

Votre jardin se trouve dans une résidence secondaire
Plantez des arbres dont les fruits parviendront à maturité pendant la durée des vacances. Cerises tardives (juillet), pêches et abricots (juillet-août), prunes (août), pommes et poires très précoces (août) vous conviendront.

Vous adorez les confitures
Plutôt que d'opter pour un pêcher ou un poirier, dont les fruits se prêtent mal aux gelées ou aux confitures, adoptez un prunier (les prunes sont faciles à mêler à d'autres fruits pour des parfums variés) ou un abricotier.

Vous rêvez d'un fruitier bien garni
L'autarcie ou presque, manger durant tout l'hiver vos propres récoltes : c'est possible avec des poiriers et des pommiers de variétés de garde (voir pages 15 et 16), que l'on récolte à l'automne.
À moins de les congeler ou de les faire cuire (voir page 61), cerises, abricots, pêches et prunes ne se conservent que très peu de temps.

Les nouveaux fruits

La mode est aux espèces exotiques ou aux nouveaux fruits étonnants. Les jardineries et les catalogues proposent de plus en plus d'arbres fruitiers originaux, par exemple deux variétés différentes sur le même arbre. Attention aux déconvenues : l'arbre peut pousser mais ne jamais donner de récolte car le climat ne lui convient pas, ou bien être terrassé, à peine adulte, par un hiver rigoureux comme on en connaît tous les dix à vingt ans. Il faut savoir que, contrairement aux affirmations de certains catalogues, kakis, nèfles du Japon et grenades ne fructifient bien que dans les régions les plus favorisées du Midi, tout comme l'amandier, qui a besoin d'hivers cléments, d'un sol chaud et sec et, surtout, d'un printemps extrêmement précoce (il peut fleurir dès janvier). Même problème pour le figuier, qui porte ses fruits à cheval sur deux années et ne supporte donc pas les vrais hivers d'un climat continental. Bien que traditionnels dans nos contrées, les cognassiers, cormiers et néfliers présentent un intérêt discutable pour celui qui ne peut planter plus de trois ou cinq espèces dans son jardin. On ne sait pas toujours, en effet, comment accommoder les récoltes dont le goût un peu âpre n'est plus aussi apprécié qu'autrefois. Quant aux inventions récentes venues d'outre-Atlantique ou d'Extrême-Orient, elles présentent parfois un grand intérêt : hybride entre prune et abricot, poire ronde japonaise (Nashi)...
Le problème est qu'on ne connaît pas encore parfaitement les conditions de leur réussite, à moyen et à long terme, dans notre pays. En outre leur goût, s'il est amusant et séduisant, risque de lasser rapidement nos palais éduqués à plus de raffinement et de saveur.

Choisir l'espèce qui vous convient

Espèce	Floraison	Récolte	Points forts	Points faibles	Contre-indications
Abricotier	II-III	VII-VIII	Très bel arbre, robuste. Peu de soins.	Floraison très précoce, risquant de geler.	Sols lourds. Climats très humides.
Cerisier	III-IV	VI-VII	Arbre de toute beauté. Floraison ravissante.	Arbre adulte encombrant. Récolte pillée par les oiseaux.	Sols très superficiels. Sols lourds.
Pêcher	III	VII-IX	Joli feuillage, petite taille. Très jolie floraison.	Floraison très précoce, risquant de geler. Faible longévité (20 ans). Sensible à la cloque.	Climats très humides. Sols lourds.
Poirier	IV	VIII-X	Belle silhouette. Bonne longévité.	Production inégale selon la météo. Supporte mal la sécheresse.	Sols calcaires.
Pommier	IV-V	VIII-X	Bel arbre, belle floraison. Nombreuses variétés de garde (tout l'hiver). Robustesse et longévité.	Certaines variétés sensibles à la tavelure.	Climats et sols secs.
Prunier	III-IV	VIII-IX	Robustesse. Peu de soins. Récoltes régulières.	Qualités esthétiques médiocres. Bois cassant. Sensible à la moniliose.	Aucune.

Le choix d'une variété

Il importe autant que le choix de l'espèce elle-même car il conditionne les capacités d'adaptation de l'arbre aux caractéristiques de votre jardin, sa résistance aux maladies, mais surtout la mise à fruits et la qualité de la récolte.

Pommes 'Golden' mûres à point.

Un peu de vocabulaire

Pour choisir une variété fruitière en toute connaissance de cause, mais aussi pour comprendre le vocabulaire employé dans les catalogues ou discuter avec un pépiniériste en acheteur averti, familiarisez-vous avec quelques termes à connaître :

Résistante : c'est une variété qui supporte mieux que les autres les attaques de certains parasites et maladies. Si tel pommier est « résistant à la tavelure », il y sera moins sujet qu'un autre, dans les mêmes conditions.

Sensible : c'est le contraire de résistant. Une variété de pêcher sensible à la cloque tombera malade plus facilement que les autres malgré les traitements.

Vigoureux : se dit d'un arbre développant branches et feuillage en abondance, de façon rapide. Un arbre très vigoureux est forcément moins productif. Il nécessite une taille longue pour bien fructifier.

Précoce : se dit en général de la floraison, mais aussi de la récolte. Une floraison précoce est davantage exposée aux gelées printanières qui nuisent à la formation des fruits. Une récolte précoce est souvent appréciée. Attention : floraison précoce ne signifie pas toujours récolte précoce !

Tardive : une variété à floraison tardive s'impose dans les régions exposées aux gelées printanières. Ce terme concerne aussi la récolte : pêches, prunes de septembre, par exemple.

Hâtive : terme employé à propos de la récolte, qui suit la floraison après un temps plus réduit que pour la majorité des variétés.

Maturité : le fruit est bon à récolter ou à consommer. Ces deux notions ne sont pas toujours simultanées. Elles peuvent même représenter un long laps de temps, dans le cas des pommes et poires de longue conservation.

Autofertile : le pistil des fleurs est fécondé par le pollen des fleurs du même arbre, transporté par les abeilles, le vent… ou, si nécessaire, notre pinceau.

Autostérile : les fleurs doivent recevoir le pollen d'un arbre voisin pour donner des fruits.

Scion, palmette, haute-tige, etc : formes obtenues par une taille de formation spécifique durant les cinq premières années (voir pages 23 à 27).

Variété ancienne ou récente ?

Du choix judicieux d'une variété peuvent dépendre le succès total ou des problèmes à répétition. Au sein de chaque espèce, les arboriculteurs ont

L'éventail des variétés de pommes est très large. Il ne faut pas négliger les variétés anciennes, souvent très savoureuses.

obtenu au fil des siècles, par croisements et sélections, des différences très marquées en matière de goût, de grosseur et de couleur du fruit, ainsi qu'en termes de caractéristiques de l'arbre : floraison précoce ou tardive, résistance à une maladie ou à une condition de culture particulière...

Les paysans des siècles passés avaient ainsi créé des variétés adaptées au sol et au climat de leur région, voire de leur village ! On a compté jusqu'à trois mille pommes différentes en France ! Ces variétés anciennes connaissent un regain d'intérêt pour leur saveur souvent assez prononcée et leur rusticité. Elles ne constituent pas toujours pour autant la panacée : 'Cox's Orange', par exemple, l'une des pommes les plus appréciées pour son parfum, est sensible aux maladies, surtout en sol argileux ou en climat humide. Les variétés datant des « Trente Glorieuses » se caractérisent souvent par la productivité de l'arbre, par leur grosseur... et le manque de saveur de leurs fruits. On les trouve encore en majorité sur les marchés. Elles ne présentent donc pas un grand intérêt au jardin, même si une 'Golden' de jardin, par exemple, sera incomparablement plus savoureuse qu'une 'Golden' de grande culture.

Plus récemment ont été créées des variétés intéressantes pour le jardin d'amateur : résistance naturelle de l'arbre – ce qui signifie moins de traitements phytosanitaires –, productivité régulière, fruits appétissants à l'œil, savoureux et juteux... Parmi celles-ci, un bon nombre nous viennent des États-Unis, comme le révèlent leurs noms à consonance anglo-saxonne. À examiner avec prudence, car les goûts des Américains (qui raffolent du sucre jusque sur leurs côtes de bœuf grillées) et les nôtres sont souvent fort dissemblables ! Choisissez une variété selon vos besoins (date de récolte), les conditions que vous pouvez lui offrir (résistance à un excès d'humidité, par exemple) et votre goût. Il est important d'avoir déjà dégusté le fruit d'une variété avant d'en acquérir l'arbre : acide, sucré, croquant, fondant... Nous avons tous nos préférences.

Attention aux problèmes de pollinisation

L'abricotier, le pêcher, certains cerisiers et certains pruniers sont autofertiles, c'est-à-dire que leurs fleurs n'ont pas besoin de recevoir le pollen d'un autre arbre pour former un fruit. En revanche, la plupart des poiriers et des pommiers, ainsi qu'une bonne partie des cerisiers et des pruniers, fructifient mal ou pas du tout si un congénère ne fleurit pas au même moment dans le même jardin ou dans le jardin d'un voisin. Mieux vaut donc privilégier les variétés autofertiles quand cela est possible ou planter un couple d'arbres compatibles.

Une bonne pollinisation des fleurs est nécessaire pour obtenir une récolte satisfaisante. Les fleurs d'un arbre autofertile se pollinisent entre elles.

Une variété pour chaque usage

Pensez à l'usage que vous comptez faire de vos fruits avant de choisir une variété. Les cerises griottes, par exemple, sont délicieuses en clafoutis, en confitures ou en eaux-de-vie, mais peu de gens aiment croquer leur chair acide.

Les meilleures pommes à croquer ne sont pas celles dont on fait les tartes les plus réussies.

Les variétés de fruits qui se conservent en hiver ne sont pas encore consommables au moment de la récolte : mieux vaut échelonner les plaisirs.

Les variétés de pommiers

Le pommier nous offre le plus grand choix en matière d'arbres fruitiers ! Pomme acide ou douce, croquante ou moelleuse, bien rouge ou un peu grise... À croquer ou à cuire, à déguster dans les trois à cinq semaines ou à garder tout l'hiver...

Les variétés très récentes sont imparfaitement autofertiles, les variétés anciennes exigent la pollinisation d'un autre arbre qui fleurisse au même moment.

Un bon truc à savoir :

'Golden Delicious' pollinise presque toutes les variétés récentes et réciproquement ; 'Reine des Reinettes' joue le même rôle avec les variétés traditionnelles.

On distingue les pommes de garde de celles à croquer en automne, au moment de la récolte.

Les variétés traditionnelles de garde

• 'Belle de Boskoop' est très appréciée en pâtisserie car elle ne se défait pas à la cuisson. Son gros fruit vert et rouge, ferme, juteux, sucré, parfumé, parvient à maturité de décembre à février. L'arbre, très vigoureux, apprécie les climats humides du Nord ou du Nord-Est.

• Les reinettes dites 'du Canada' (en fait, elles sont françaises), blanches ou grises, sont délicieuses à croquer, très parfumées, mais leur chair peut paraître un peu molle (maturité de décembre à février). Ces variétés préfèrent l'altitude ou les climats rudes plutôt que les régions très humides.

• 'Reine des Reinettes' pourrait être appelée la reine des pommes. On l'aime autant à croquer qu'en pâtisserie. Son fruit de taille moyenne, jaune rayé de rouge, ferme, croquant, sucré, acidulé et parfumé, ne se défait pas à la cuisson. On le consomme d'octobre à janvier. La culture réussit en toutes régions, plutôt en formes libres car cette variété est vigoureuse.

Les variétés traditionnelles d'automne

• 'Transparente de Croncels' est la première « bonne » pomme. Mûr dès août-septembre, son gros fruit blanc rosé cache une chair fine, tendre, juteuse et acidulée. Cet arbre résistant est cultivé dans le Nord.

Les variétés récentes de garde

• L'américaine 'Golden Delicious' a très injustement mauvaise réputation. Rien à voir entre la 'Golden' traitée industriellement et celle qui a mûri sur l'arbre, adorée par les amateurs qui s'en régalent de novembre à mars. C'est l'une des variétés réussissant le mieux dans le Midi. Il existe des évolutions de cette variété comme 'Belgolden'.

• 'Delbard Jubilé' est appréciée pour tous les usages. Son joli fruit rouge et or, pas très gros, fond sous la langue, en dégageant des arômes de noisette, de miel et de banane (maturité de novembre à février-mars). L'arbre est résistant, notamment à la tavelure.

• 'Tentation' est une nouvelle pomme pas très spectaculaire (elle ressemble à la 'Golden') mais au parfum fleuri et doux, croquante et juteuse. L'arbre est résistant et productif. Le fruit se conserve jusqu'en mars si on le cueille dès que sa peau devient dorée.

Les variétés récentes d'automne

• 'Jonagold' se déguste en octobre-novembre. Son fruit jaune strié de rouge, croquant, juteux, sucré, un peu acidulé, est très savoureux. L'arbre est vigoureux et productif.

• 'Royal Gala' produit un fruit pas très gros, tout rond, tout rouge, à chair tendre, juteuse et sucrée, dégageant un léger parfum d'anis (maturité de septembre à décembre). L'arbre est vigoureux et productif.

Les variétés de poiriers

Les variétés de poires diffèrent par leur époque de maturité, leur capacité à se conserver (rarement très longue) et le caractère de leur goût. Certains préfèrent les saveurs musquées, d'autres les arômes fleuris, voire vineux… Chair tendre et juteuse ou croquante, une bonne poire ne manque jamais de caractère. Contrairement à ce qui se passe chez les pommes et les autres fruits, la très grande majorité des variétés proposées sont françaises et traditionnelles.

Les poires d'été et d'automne doivent être consommées rapidement ; celles d'hiver finissent de mûrir après la cueillette.

Bon à savoir : trois variétés phares se montrent également les pollinisatrices les plus efficaces pour les autres variétés : 'Williams', 'Conférence' et 'Doyenné du Comice'.

Les poires d'été

• 'Dr Jules Guyot' est une poire vert clair, assez grosse, qui mûrit dès juillet-août et se conserve durant quelques semaines. Sa chair fine, juteuse, assez sucrée, est de bonne qualité. L'arbre est autofertile.

• 'Williams' (ou 'Bon Chrétien') produit un fruit assez gros, jaune ponctué de taches rousses, mûr dès août-septembre et à manger tout de suite. Sa chair fine est fondante, juteuse et musquée. Il existe une version rouge. Vigoureux et productif, l'arbre réussit en toutes régions.

Les poires d'automne

• 'Louise Bonne' (ou 'Louise Bonne d'Avranches') est l'une des poires les plus parfumées. Son fruit jaune et rouge, de taille moyenne, renferme une chair fine, fondante, sucrée, très juteuse (maturité en septembre-octobre). L'arbre se montre un peu sensible à la tavelure. Les fruits non cueillis blettissent rapidement.

• 'Beurré Hardy' parvient à maturité en septembre-octobre. Son fruit bronzé est sucré, fin et fondant, parfumé. L'arbre préfère un sol pas trop lourd, mais se montre résistant à la tavelure.

• 'Conférence', la poire d'octobre à la forme allongée caractéristique, présente une chair fine, juteuse, fondante et sucrée, légèrement plus acidulée que celle des autres poires. L'arbre résiste à la tavelure et apprécie les régions maritimes, ou en tout cas la moitié Nord.

Les poires d'hiver

• 'Doyenné du Comice' est considérée par beaucoup comme la meilleure poire. Son fruit est mûr en octobre-novembre et se conserve jusqu'à Noël. Gros ou très gros, il cache sous sa peau jaune et rouge une chair fine, sucrée, parfumée, fondante et juteuse. Cette variété est d'autant plus précieuse que sa rivale 'Passe-Crassane' est interdite de multiplication en raison de sa sensibilité au feu bactérien.

La cerise 'Belle Magnifique' est particulièrement savoureuse. Elle est idéale pour le nord de la France.

• 'Delbarexquise d'hiver' est l'une des très rares poires que l'on puisse déguster de décembre à mars. Son fruit rond, de couleur bronzée, révèle une chair fine, juteuse et ferme qui rappelle la regrettée 'Passe-Crassane'. L'arbre est autofertile.

Les variétés de cerisiers

On groupe les variétés de cerises selon qu'elles appartiennent au merisier ou cerisier doux (guignes et bigarreaux), ou au griottier, encore appelé cerisier acide (griottes et cerises vraies).

Les *guignes,* noires, petites, à chair molle mais parfumée, sont utilisées pour les clafoutis et les alcools. On ne les croque pas telles quelles.

Les *griottes,* très acides, se destinent également à la cuisson. L'arbre fleurit tard (récolte en août) et peut être cultivé sous un climat froid ou en montagne, jusqu'à 1 000 m d'altitude. Griotte et guignes sont autofertiles.

Les gros *bigarreaux,* fermes et croquants, sucrés, apparaissent sur les marchés à la saison des cerises. Ces variétés présentent l'inconvénient de ne pas être autofertiles. Ce sont pourtant les plus appréciées.

Les *cerises vraies* mériteraient d'être mieux connues. Elles sont parfaitement autofertiles. Leur chair est moins croquante que celle des bigarreaux, mais juteuse, au goût à la fois sucré et acidulé. Les meilleures variétés plaisent à tous.

Les cerises pour le nord de la Loire

Les cerises vraies fleurissent tard et sont donc idéales dans les régions au printemps mitigé.

• 'Montmorency', juteuse, acidulée mais pas trop, est traditionnelle dans la région parisienne où on la récolte du début à la mi-juillet. Très utilisée pour les conserves, cette variété existe en version « arbre pleureur », original et élégant.

• 'Belle Magnifique', à floraison très tardive (mi-avril dans le Nord), arrive à maturité fin juillet. Grosse, en forme de cœur, à la fois croquante, fine et fondante, parfumée et sucrée, elle est idéale. L'arbre, pas trop vigoureux, produit régulièrement.

• 'Allegria Delbard', à floraison tardive, produit en juillet des fruits juteux, savoureux, qui n'éclatent pas si on tarde à les récolter.

Les cerises pour le sud de la Loire

Les bigarreaux, très agréables à croquer, sont sans doute les cerises les plus savoureuses, mais les arbres fleurissent assez tôt. Choisissez une variété qui fleurit en même temps que celle de votre voisin ou plantez deux arbres compatibles :

• 'Marmotte' porte les plus gros fruits ; mûrs en juin-juillet, rouge brillant, fermes, ils sont croquants, à la fois sucrés et acidulés.

• 'Hâtif Burlat' produit des fruits aussi gros que délicieux, de couleur foncée, à la fois tendres et fermes, très sucrés, mûrs dès juin voire fin mai.
• 'Napoléon' est une variété étonnante qui a ses fervents adeptes. Son fruit jaune, taché de rose, est ferme et croquant, sucré malgré sa couleur claire (maturité à la mi-juillet).
• 'Reverchon' parvient à maturité entre mi-juin et mi-juillet. Son gros fruit en forme de cœur est très ferme, croquant, sucré, mais avec une saveur forte.
• 'Géant d'Hedelfingen', à la floraison un peu plus tardive que la variété précédente, produit en juillet de gros fruits foncés, croquants, juteux et sucrés qui sont très appréciés.

Ces cinq variétés se pollinisent entre elles.

Les cerises à cuire

Autofertile, la variété 'Early Rivers' est la plus connue des guignes. Son fruit est très juteux et sucré. L'arbre prend naturellement un beau port pleureur, comme le griottier 'Griotella', qui offre l'avantage de rester de petite taille (récolte en juillet).

Pour le plus grand plaisir de ses adeptes, le bigarreau 'Napoléon' attire moins les oiseaux que les cerises rouges.

Les variétés de pruniers

Chaque variété de prune a ses fervents adeptes, qui la prétendent la meilleure ! Mais toutes requièrent des conditions particulières pour donner le maximum de leurs qualités.

Les *quetsches,* proches de la prune sauvage malgré leur grosse taille, acceptent les terres lourdes et les climats continentaux rudes. Les arbres ne demandent aucun soin et ils sont autofertiles.
Les *reines-claudes* sont rondes, toujours un peu vertes même bien mûres, à reflets dorés. Elles ont besoin d'un été sec et chaud, faute de quoi elles résistent mal aux maladies. Il faut deux arbres différents pour obtenir une bonne pollinisation.
Autofertiles, les *mirabelles* aiment les terrains calcaires et un été ensoleillé. Elles sont traditionnelles dans l'est de la France et préfèrent le nord de la Loire en règle générale.

Les nouvelles variétés japonaises doivent être plantées sous un climat doux car elles fleurissent plus tôt. Leur goût est souvent assez fade.

Les quetsches

La principale variété est 'Quetsche d'Alsace', violette, à chair verte, à la fois très sucrée et acidulée, ferme et peu juteuse. On la récolte en septembre un peu ridée, pour les tartes ou la corbeille de fruits.

Les reines-claudes

La meilleure est sans conteste 'Reine-Claude Dorée', mûre entre fin juillet et fin août. Sa saveur de miel et sa chair juteuse sont réputées,

Les quetsches sont des prunes très faciles à obtenir ; elles se mangent aussi bien crues que cuites.

La mirabelle de Nancy est très appréciée.

notamment en tartes et en confiture… L'arbre n'est pas autofertile, mais peut être pollinisé par une autre reine-claude ou par la 'Prune d'Ente'. Le plus intéressant est de l'associer au jardin avec la 'Mirabelle de Nancy'. 'Reine-Claude Verte' est également délicieuse récoltée à complète maturité et se montre incomparable en tarte.

Les mirabelles

'Mirabelle de Nancy', plus grosse que 'Mirabelle de Metz', est mûre entre début août et début septembre. Parfumée et sucrée, elle est appréciée pour les pâtisseries et les confitures. L'arbre est autofertile.

Les autres prunes

- 'Prune d'Ente' (ou 'd'Agen') est surtout utilisée sèche (pruneaux) mais ses fruits frais sont juteux et sucrés. L'arbre est autofertile.
- 'Victoria' mûrit en août ou début septembre. Ses gros fruits jaunes teintés de rouge sont assez goûteux. L'arbre est autofertile, productif. Il supporte les terres lourdes.
- 'Thames Cross' mûrit en septembre. Ses gros fruits rouges et dorés sont sucrés, juteux et assez parfumés. La floraison est assez tardive, l'arbre autofertile.

Les variétés de pêchers

La date de floraison est un caractère important qui distingue les variétés de pêches. Plus la floraison est tardive, moins elle risque de subir de gelées compromettant la récolte. Les saveurs et les couleurs des fruits diffèrent également. La maturité s'échelonne de fin juin (pour les régions très chaudes) à septembre, ce qui peut permettre de les déguster pendant un mois ou deux. Les pêchers sont tous autofertiles. Notons que les nectarines et les brugnons sont botaniquement des pêchers *(Prunus persica)* dont le fruit a la peau lisse. Les nectarines ont le noyau libre, contrairement aux brugnons. Leur culture est déconseillée au nord de la Loire, car ces arbres sont plus précoces, exigeants et plus sensibles encore que les pêchers aux différentes maladies.

Le choix de la variété de pêcher doit avant tout se faire en fonction du climat.

Les pêches à conserves

Les pêches s'abîment très vite. Si vous aimez les fruits au sirop, vous choisirez sans doute ce mode de conservation (voir page 61). Un petit détail peut compter au moment d'éplucher et de couper en deux les pêches : le noyau est-il libre ou adhérent à la chair ? Les deux existent, cela dépend des variétés. En voici quelques-unes à noyau libre : 'Grosse Mignonne' (pour le sud de la Loire), 'Reine des Vergers' (pour le nord de la Loire), 'Amsden' (pour la moitié Sud).

Les pêches du Sud

- 'Amsden' est une vieille variété à chair blanche, mûre dès début juillet, à cultiver dans le Midi méditerranéen. C'est la première, aussi lui pardonne-t-on d'être assez peu parfumée, d'autant que sa chair est fine. L'arbre est résistant aux maladies.
- 'Grosse Mignonne' est une variété de moyenne saison, mûre de mi-juillet à mi-août, bien rustique et à floraison assez tardive. Sa chair blanche est parfumée, juteuse, fondante. L'arbre est résistant aux maladies.
- 'Velvet', à floraison assez tardive, parvient à maturité de fin juillet à mi-août. Sa chair jaune est sucrée, avec un goût musqué. L'arbre est sensible à la cloque en climat humide.
- 'Saturne', la fameuse pêche plate venue de Chine, est originale et plaît aux enfants en raison de son parfum miellé, de sa saveur douce et sucrée. Sa chair est peu juteuse.

Les pêches du Nord

- 'Reine des Vergers', variété classique résistante aux maladies, est aussi l'une des plus tardives. Son gros fruit, mûr fin août ou début septembre, renferme une chair blanche et sucrée, juteuse et fine.
- 'Sanguine de Savoie', une amélioration récente de la fameuse pêche de vigne, présente une chair rouge foncé,

très ferme, très goûteuse, au parfum de violette (maturité à partir de la mi-septembre). L'arbre est rustique.

Les nectarines

'Fantasia' mûrit en août. Cette nectarine à chair jaune n'a pas une floraison trop précoce. Le fruit est juteux, ferme et savoureux, mais il peut éclater en cas d'orages.

L'abricotier 'Pêche de Nancy' est particulièrement résistant ; il peut être planté au nord de la Loire.

Les variétés d'abricotiers

La saveur du fruit et la date de la floraison sont les principaux critères qui différencient les variétés d'abricotiers. Il est indispensable, dans la moitié Nord, de choisir une variété à floraison tardive. En dehors du pourtour méditerranéen, c'est une sage précaution. La qualité du parfum dépend aussi de l'ensoleillement reçu. Notons qu'un abricot très juteux est plus agréable à croquer mais de moins bonne tenue en conserve ou en confiture.

Les variétés précoces

- 'Canino', uniquement pour le Sud, est un abricot très gros, très sucré, juteux et ferme, à récolter fin juin, début juillet. L'arbre est productif et résistant aux maladies.
- 'Rouge du Roussillon', réservé au pourtour méditerranéen, est un abricot parfumé, juteux et sucré, qui mûrit dès début juillet.
- 'Bergeron', traditionnel dans la vallée du Rhône et idéal dans le Midi non méditerranéen, se récolte de début juillet à début août. Le fruit ferme, très parfumé, est apprécié en confiture. L'arbre est vigoureux et productif dans les sols pas trop secs.

Les variétés tardives

- 'Luizet' peut être cultivé dans les régions au climat moyen. Cette vieille variété produit entre fin juin et fin juillet de très gros fruits, sucrés, fermes, de goût agréable. L'arbre est rustique.
- 'Polonais' convient bien pour la vallée du Rhône et le « nord du Sud ». Mûr dès juillet, ce gros abricot juteux et sucré est produit en abondance par un arbre vigoureux.
- 'Pêche de Nancy', l'un des derniers abricotiers à fleurir, est très résistant. Ses fruits, à récolter de fin juillet à mi-août, sont fondants, très gros, fins et parfumés. Il peut être planté au nord de la Loire.
- 'Rouge tardif Delbard', à floraison très tardive, est conseillé dans le Nord. Son gros fruit est juteux et parfumé.

Les variétés les plus performantes

	Variété	Floraison	Maturité des fruits	Qualités du fruit	Qualités de l'arbre
ABRICOTIER	'Rouge tardif Delbard'	Fin III	VIII	Gros, juteux, parfumé.	Conseillé dans le Nord
	'Pêche de Nancy'	Fin III	Fin VII à mi VIII	Très gros, fin, parfumé	Conseillé dans le Nord
	'Canino'	Fin II	Fin VI à début VII	Très gros, sucré, juteux, ferme	Résistant aux maladies Midi uniquement
CERISIER	'Belle Magnifique'	IV	Mi VII	Croquant, fin, sucré, parfumé	Autofertile, pas trop grand Toutes régions
	'Géant d'Hedelfingen'	III-IV	VII	Gros, croquant, sucré, juteux	Le meilleur bigarreau pour le Nord
	'Hâtif Burlat'	III	VI	Gros, très sucré, ferme, croquant	Productif. Pour le Midi
PÊCHER	'Amsden'	II-III	Début VII	Fin, juteux	Résistant à la cloque. Pour le Midi
	'Reine des Vergers'	III	VIII-IX	Sucré, juteux, fin	Résistant à la cloque. Toutes régions
	'Sanguine de Savoie'	Fin III	IX	Très parfumé, ferme	Arbre rustique. Pour le Nord
POIRIER	'Williams'	III-IV	VIII-IX	Fondant, juteux, goût musqué	Toutes régions
	'Conférence'	IV	X	Juteux, sucré, fondant, aromatique	Résistant à la tavelure. Pour le Nord
	'Beurré Hardy'	IV	IX-X	Sucré, fin, fondant, parfumé	Résistant à la tavelure
	'Delbarexquise d'hiver'	IV	XII à III	Juteux et ferme mais fin	Autofertile
POMMIER	'Transparente de Croncels'	IV-V	VIII-IX	Fin, tendre, juteux, aromatique	Résistant. Pour le Nord
	'Belle de Boskoop'	IV-V	XII à II	Ferme, juteux, sucré, parfumé	Pour les climats frais
	'Reine des Reinettes'	IV-V	X à I	Croquant, ferme, sucré et acidulé, aromatique	Toutes régions
	'Golden Delicious'	IV	XI à III	Tendre, sucré, juteux, fin	Climats doux appréciés
	'Delbard Jubilé'	IV-V	XI à II-III	Beau, aromatique, fondant	Résistant à la tavelure
PRUNIER	'Mirabelle de Nancy'	III-IV	VIII-IX	Parfumé, sucré	Autofertile. Climats continentaux
	'Quetsche d'Alsace'	III-IV	IX	Ferme, sucré, acidulé	Autofertile. Toutes régions
	'Thames Cross'	Fin III	IX	Beau, sucré, juteux	Autofertile. Pour le Sud

Le choix d'une forme

Tout autant que le choix d'une espèce et d'une variété, le choix de la forme de votre arbre est crucial. Il dépend de la place dont vous disposez, de l'endroit où vous projetez de planter votre arbre fruitier et du mode de récolte que vous envisagez.

Les formes de plein vent

Souvent décriés parce que très encombrants – et il est vrai que la hauteur des arbres adultes peut poser des problèmes au moment des traitements et de la récolte –, les fruitiers de plein vent sont pourtant fort intéressants pour le propriétaire d'un jardin, même sur une petite surface. Ce sont les seuls qui adoptent l'allure d'un « arbre véritable » : un tronc surmonté d'une belle ramure.
Grandes, spectaculaires et simples d'entretien, les formes de plein vent ne demandent pas de taille et trouvent parfaitement leur place au milieu de la pelouse : plutôt que de choisir un prunier à fleurs ou un saule pleureur, pourquoi ne pas joindre l'utile à l'agréable en plantant un pommier, un prunier ou un cerisier à fruits ?
Un abricotier, un poirier ou un pommier de plein vent donne jusqu'à 50 kg de fruits, un cerisier ou un pêcher de 25 à 30 kg « seulement » !

Superbe, la haute-tige (1)
La haute-tige est la forme à l'aspect le plus naturel. Elle ne demande pratiquement pas de taille. Il s'agit d'un tronc de 1,80 m à 2 m de hauteur, surmonté d'une large ramure. On peut circuler dessous à l'aise, y compris avec la tondeuse ! Son ombrage peut agrémenter une terrasse ou un coin repos. La haute-tige correspond à une surface de 10 à 20 m² au sol.

(1) *Haute-tige : tronc de 1,80 à 2 m de hauteur.*

Choisissez la forme de votre arbre fruitier selon la place dont vous disposez ; ici un vieux pommier formé en demi-tige.

Les hautes-tiges peuplaient traditionnellement les prairies, hors d'atteinte des vaches ou des moutons qui y broutaient. Pour des commodités de cueillette et de soins, les vergers professionnels ou semi-professionnels préfèrent des formes plus basses, qui peuvent se planter plus serré. Il faut en effet espacer d'environ 10 m deux arbres hautes-tiges. La haute-tige est souvent greffée en deux points, au collet (en pied) puis sur le haut du tronc (en tête), pour que ce dernier conserve une forme et une rigidité parfaites. À noter que le pêcher est rarement disponible en haute-tige.

(2) *Demi-tige : tronc de 1 m à 1,30 m de hauteur, surmonté d'une importante ramure.*

Un bon compromis : la demi-tige (2)

La demi-tige possède un tronc réduit à 1 m ou 1,30 m de hauteur, surmonté d'une ramure toute aussi importante que celle d'une haute-tige. Sa silhouette trapue et arrondie lui confère une grande élégance. Son grand avantage est de permettre des cueillettes un peu moins acrobatiques. Mais la demi-tige est paradoxalement plus encombrante que la haute-tige, car on ne peut pas circuler ou s'asseoir dessous. Toutes les espèces fruitières sont disponibles en demi-tige.

Les petites formes

On apprécie de plus en plus dans les jardins ces petites formes, obtenues grâce à la conjonction de deux facteurs : une taille de formation (durant deux ou trois ans) qui modèle une silhouette peu encombrante, et l'utilisation d'un porte-greffe peu vigoureux qui empêche une même variété de se développer autant que sa sœur « de plein vent ». Avec leurs troncs au ras du sol ou presque, elles facilitent beaucoup la cueillette et les traitements, mais pas la circulation des personnes en raison des branches basses.

Harmonieux : le gobelet (3)

De belles et longues branches légèrement évasées, réparties circulairement autour d'un tronc de 50 cm de hauteur environ : le gobelet possède un charme certain. Il doit avoir été formé soigneusement durant deux ou (mieux) trois ans par un professionnel compétent.
Il demande ensuite une taille simple mais vigilante, consistant à empêcher les nouveaux rameaux d'encombrer l'intérieur de la ramure.
L'arbre est moins large et moins haut qu'en forme de plein vent, mais il occupe l'espace depuis le bas, et peut de ce fait gêner la circulation ou troubler l'harmonie des arbres d'ornement voisins.
Le gobelet est idéal pour occuper un coin ou un fond de pelouse. Il faut compter 5 à 6 m entre deux arbres ainsi formés.

Fin et élégant, le fuseau (4)

Le tronc du fuseau est dégagé sur 30 ou 50 cm de hauteur. Il porte ensuite des branches régulièrement étagées en forme de pyramide. Bien qu'un peu raide, le fuseau n'est pas dépourvu d'élégance, surtout au moment de sa floraison. Cette forme s'intègre bien sur les pelouses, ou même dans les massifs d'arbustes. La plupart des espèces peuvent être conduites en fuseau, mais c'est incontestablement le poirier qui se prête le mieux à cette forme. Un fuseau n'occupe que l'équivalent de 4 à 5 m^2 au sol. Ses fruits sont accessibles avec un grand

(3) *Gobelet : tronc de 50 cm de hauteur seulement ; branches longues et légèrement évasées.*

(4) *Fuseau : forme pyramidale sur un tronc de 30 à 50 cm de hauteur.*

(5) *U simple : deux branches verticales sur un tronc de 30 cm de hauteur.*

escabeau. La taille est assez facile, mais il faut appliquer la technique de mise à fruits de façon assez stricte.

Les formes palissées

Les arbres en espalier reviennent au goût du jour. Ils sont conduits sur un seul plan, d'où leur surnom de « formes plates ». Les arbres fruitiers palissés s'appuient souvent contre un mur, mais aussi parfois à de simples fils de fer tendus entre des piquets. On peut les utiliser pour constituer de très jolies séparations dans les potagers ou les jardins aux lignes géométriques.

Les formes plates ne dépassent que rarement 2 m de hauteur à l'âge adulte.

Si vous disposez de peu d'espace et si vous aimez les jardins architecturés, n'hésitez pas à vous offrir une ou même plusieurs formes palissées. Elles demandent certes une taille méticuleuse et des soins suivis, mais rien d'insurmontable… Surtout que soins et cueillettes s'effectuent les pieds sur terre et non sur une échelle… Ce sont les formes « plaisir » par excellence : elles reçoivent en effet idéalement le soleil, à condition d'être exposées de sud-est à sud-ouest. C'est une manière astucieuse de réussir les pêchers et les abricotiers hors des régions chaudes, même si la production reste assez modeste (5 à 15 kg par arbre). Il existe toutes sortes de formes traditionnelles issues de l'imagination de jardiniers virtuoses. Seules trois d'entre elles sont gérables sans connaissances particulières :

Le « U » simple ou double (5)

Le « U » simple présente deux branches parallèles qui forment un angle droit avec le tronc d'une trentaine de centimètres avant de se redresser pour adopter une direction verticale.

Voici un bel exemple de fruitier en espalier. Palissé contre un mur bien exposé, le pêcher prospère parfaitement.

(6) *Le cordon : l'arbre ne comporte qu'une seule tige courbée à l'horizontale et conduite le long d'un fil de fer ou d'une autre structure horizontale.*

Dans le cas du « U double », chaque branche a été taillée pour donner naissance à un nouveau « U ». L'arbre comprend ainsi quatre branches parallèles et verticales.
La palmette Verrier se compose également de quatre branches verticales. Mais c'est la base d'une troisième branche centrale (dans l'axe du tronc) qui s'est, dans ce cas, ramifiée. Elle ne comporte donc pas deux « U » symétriques, mais un petit « U » dans un grand « U ». Ces formes sont surtout utilisées pour les pommiers et poiriers. Classiques, elles sont très élégantes mais coûteuses à l'achat. Comptez un arbre tous de 1,50 m à 2 m.

Le cordon horizontal (6)
Réservée aux pommiers, cette forme de faible vigueur consiste à courber la tige principale parallèlement au sol, à 40 ou 50 cm de hauteur environ. C'est une forme peu productive, mais très agréable en bordure d'une grande allée.

La palmette à la diable
Le tronc porte deux bras principaux, inclinés à 45° par rapport à l'horizontale, desquels partent des rameaux dirigés en tous sens. L'arbre adulte présente une forme d'éventail. Sa ramure occupe régulièrement l'espace. Utilisée le long d'un mur pour les

Le cordon est une forme palissée très particulière et esthétique : les pommiers en cordon deviennent très élégants avec l'âge.

pêchers et abricotiers dans les régions peu propices à leur culture, la palmette à la diable demande des soins suivis pour demeurer élégante et productive.

Les formes naines

Ne confondez pas les arbres fruitiers nains avec les formes colonnaires, bizarreries de faible longévité qui donnent des pommes dès la première année de plantation, directement sur un tronc dépourvu de branches… Les véritables arbres fruitiers nains sont des variétés travaillées pour leur très faible développement, caractère accentué par l'utilisation d'un porte-greffe « nanifiant ». Il ne s'agit donc pas seulement d'une forme obtenue par la taille mais d'un caractère génétique. Ils sont séduisants pour ceux qui ne disposent que d'un balcon ou d'une terrasse, puisqu'ils peuvent vivre dans un gros pot (50 cm de diamètre). Au jardin, leur intérêt est anecdotique, d'autant que ces miniatures vous permettront à peine la confection d'une tarte familiale au moment de la récolte ! En revanche, la floraison est particulièrement abondante, surtout sur les pêchers qui sont les plus adéquats dans cette utilisation.

Acheter un arbre fruitier

Que l'on soit ou non familier des pépiniéristes et des jardineries, on reste souvent perplexe au moment de l'achat. Quelle est l'époque de l'année la plus favorable ? Peut-on se fier aux catalogues de vente par correspondance ? Qu'est-ce qu'un scion ? Autant de questions qui méritent réflexion.

Automne ou printemps ?
On trouve depuis longtemps des végétaux pouvant être plantés en toute saison. Cultivés en conteneur, ils peuvent dans l'absolu être mis en terre en pleine croissance, quelle que soit la météo…
Plus encore que les autres arbres et arbustes, les fruitiers souffrent d'être transplantés au moment de leur pleine activité. Ils se montrent plus sensibles à la chaleur ou au froid, ainsi qu'à la sécheresse… Ils risquent finalement de s'enraciner plus lentement, de devenir moins robustes face aux parasites et aux maladies, et enfin de fructifier difficilement.
La tradition préconise, à juste titre, les plantations des arbres à feuillage caduc (dont font partie les espèces fruitières de nos régions) durant la période de dormance, soit entre novembre et mars.
L'idéal consiste à acheter et à planter du 20 octobre à fin novembre. Les jeunes arbres sont alors en plein repos. Ils passeront l'hiver à s'enraciner tranquillement dans une terre encore tiède et seront autonomes dès le printemps suivant. De plus, les arrivages sont alors de la meilleure fraîcheur. L'éventail de choix est à son apogée.
Dans les régions au climat doux, on peut planter en plein hiver. Mais les végétaux auront parfois attendu un peu trop en magasin. Si la terre est durcie par le gel, ils devront encore attendre, en jauge dans une tranchée, enveloppés dans de la paille humide.

À la Sainte-Catherine…
Le dicton bien connu « À la Sainte-Catherine, tout bois prend racine » vous conseille ces achats et plantations d'automne. Il indique la date du 25 novembre comme étant la période idéale. Mais tout dépend de la température ambiante, variable d'une année sur l'autre et d'une région à l'autre.

Acheter un jeune arbre fruitier chez un fournisseur fiable et le planter à la bonne saison est un gage de réussite. Vous aurez ainsi la garantie de conserver votre arbre très longtemps.

Les plantations de mars posent un problème de… surmenage. Fleurir, épanouir ses feuilles, s'enraciner et supporter les premières chaleurs, cela fait beaucoup de travail d'un seul coup ! Vous devrez dans ce cas arroser régulièrement et copieusement durant toute la belle saison.

Où acheter ?

L'arbre idéal a été cultivé dans votre région. Depuis son plus jeune âge, il est habitué au type de sol et au climat qui caractérisent cette dernière. Hivers froids ou humides, printemps secs ou « en dents de scie »… quel que soit le problème, l'arbre s'y sera endurci et n'aura pas à s'adapter subitement à des conditions contraires. En outre, il aura été logiquement greffé sur un porte-greffe adapté à ces conditions. Le comportement d'un arbre peut en effet beaucoup varier en fonction du porte-greffe utilisé (voir page 33). Si vous ne trouvez pas près de chez vous le fruitier de vos rêves, achetez un jeune arbre cultivé dans une région au climat plus rude.

Le pépiniériste local

Il s'avère le meilleur lieu d'achat. Avec un peu de chance, il aura choisi de cultiver des variétés régionales particulièrement bien adaptées. Recourez à cette solution autant de possible.

La jardinerie

La jardinerie propose des arbres de provenances diverses, qu'il vous appartient d'identifier en questionnant les responsables. Le choix est généralement bon, surtout en ce qui concerne les formes et les variétés.

L'achat d'un arbre fruitier est un investissement à long terme. Apprenez à reconnaître un beau sujet et prenez le temps de bien le choisir avant de vous lancer.

L'établissement de vente par correspondance
Il offre l'avantage de fournir les régions les plus isolées. Commandez dès que vous recevez le catalogue d'automne. Votre arbre vous sera livré, emballé dans de la paille et du carton, courant novembre. N'hésitez pas à renvoyer contre remboursement les sujets mal en point ou de qualité défectueuse. La plupart des arbres fruitiers cultivés en France pour la VPC poussent dans le Centre ou en région Rhône-Alpes. Ceux qui viennent de Belgique ou de Hollande sont habitués à un climat plus frais, mais moins continental (moins extrême).

Reconnaître un beau sujet

Renouer avec les plantations d'automne n'est pas seulement un gage de réussite. C'est aussi le moyen de réaliser des économies. Les plantes en cours de végétation (obligatoirement vendues en conteneur) sont certes plus séduisantes avec leurs feuilles, leurs fleurs ou leurs fruits… mais elles se révèlent aussi très coûteuses. À l'automne, après que leurs feuilles sont tombées et la sève « redescendue », les jeunes arbres au repos supportent bien d'être arrachés et laissés durant une ou deux semaines tels quels, les racines à l'air, pour peu qu'ils ne subissent ni chaleur ni gel.
Ces arbres « à racines nues », plus légers à transporter, moins encombrants à stocker, sont généralement meilleur marché, bien que le coût de l'arrachage puisse jouer sur le prix final.
Et si fleurs, feuilles et fruits sont invisibles, cela ne doit pas vous

gêner à condition d'acheter pendant la période de repos végétatif.
Sachez que les arbres fruitiers à racines nues reprennent aussi bien que des arbres en motte ou en conteneur, du moment qu'ils ont été stockés dans de bonnes conditions et durant un laps de temps raisonnable.

Les arbres de forme compliquée, comme ce pommier-cordon, sont plus coûteux à l'achat.

Observez la silhouette et les racines

Apprenez à distinguer les vraies et les fausses bonnes affaires : un peu d'attention permet de reconnaître les fruitiers de bonne qualité. Le prix ne doit pas être trop bas : de 50 F pour un scion à 250 F et plus pour une belle palmette. Cultivé avec soin, l'arbre a passé plusieurs années chez le pépiniériste, nécessitant un patient travail de formation. Les prix les plus élevés concernent les formes compliquées (« double U », palmette Verrier) car elles ont demandé l'intervention fréquente d'une main-d'œuvre qualifiée. Mieux vaut donc éviter les promotions alléchantes et les ventes à la sauvette, braderies de second choix.
Comment reconnaît-on un sujet cultivé avec soin ? À ses branches trapues, bien fournies et harmonieusement réparties autour du tronc.
Insuffisamment ou mal taillé durant son jeune âge, l'arbre ne présentera qu'une ou deux branches fortes, trop allongées, flanquées de rameaux chétifs. Planté dans des rangs trop serrés, il n'aura bien poussé que d'un seul côté : celui de la lumière. Il aura alors beaucoup de mal par la suite à rééquilibrer sa silhouette.
Le soin apporté à l'arrachage compte aussi beaucoup.

Si vous optez pour un arbre à racines nues, contrôlez les racines : elles doivent être fraîches et sans blessures.

N'acceptez pas de branches ou de racines broyées ou cassées. Le système racinaire doit être important et bien ramifié, avec des radicelles. Racines et rameaux doivent être souples, non cassants, et montrer des coupes nettes. Un bois trop brun et sec signifie que l'arbre a séjourné trop longtemps, ou dans de mauvaises conditions, sur le lieu de vente. La présence de jeunes feuilles ou de bourgeons renflés prouve que la plante au repos a « redémarré » à cause d'une trop forte température ou de la saison trop avancée. L'arbre est alors très fragilisé. Il aura du mal à reprendre et produira un à deux ans plus tard qu'un autre.

Un arbre bien formé dès le départ par un professionnel aura une croissance harmonieuse.

Jeune arbre formé ou scion ?

Qu'est-ce qu'un scion ?

Un scion est un jeune arbre dont la greffe a tout au plus dix-huit mois. Il se présente généralement comme un petit tronc très mince et pas encore ramifié. Il n'a pas développé de branches, mais des brindilles irrégulièrement réparties tout au long de ce petit tronc.
Il est exceptionnel qu'on plante et laisse pousser tel quel un scion. Sa croissance risque d'être anarchique et de donner un arbre encombrant, mal proportionné et qui ne fructifiera pas avant dix ans.

Exigez l'étiquette

Soyez intransigeant à propos des « papiers d'identité » de votre achat. Il est inadmissible qu'un arbre soit exposé sans étiquette ou avec la seule mention « cerise bigarreau ». La dénomination variétale est la moindre des choses, mais vous devriez aussi disposer de précisions sur le porte-greffe, ce qui est malheureusement encore trop rarement spécifié.

Le travail de formation

Les scions doivent être taillés avec précision durant les trois premières années qui suivent leur plantation (voir page 40). Ces interventions permettent de choisir les branches qui deviendront les charpentières, quitte à en éliminer certaines. Les coupes doivent favoriser la ramification tout en prenant soin de laisser des « tire-sève », voire d'orienter les branches pour construire petit à petit une palmette.
Il est vivement conseillé de laisser ce travail délicat aux professionnels et d'acheter de jeunes arbres déjà formés.

Sachez ce que vous achetez
Si acheter un arbre déjà formé représente un investissement un peu supérieur à la moyenne (mais n'achète-t-on pas un arbre fruitier « pour la vie » ?), c'est aussi un gage de tranquillité. Vous n'aurez plus qu'à assurer une taille d'entretien assez simple (voir page 41). Vous gagnerez en outre du temps sur le début de la production. Les gobelets destinés aux petits jardins (forme de pyramide inversée) ont déjà subi deux à trois ans de mise en forme (voir page 24). Il en va de même pour les tiges et les demi-tiges, ces formes de plein vent appréciées dans les grands espaces (voir page 23). Les formes plates traditionnelles, palmettes, « U » et cordons, ont reçu des soins pendant trois à cinq ans (voir page 25). On trouve également dans le commerce des formes intermédiaires comme le baliveau qui a deux ans mais n'est pas réellement formé. Exigez des informations précises à ce sujet auprès du pépiniériste. En jardinerie, le nom de la forme doit être indiqué sur l'étiquette à côté de celui de la variété. Dans les catalogues de vente par correspondance sérieux, on a le choix entre plusieurs formes à différents prix. Les formes de plein vent sont en outre classées selon la circonférence du tronc prise à 1 m du sol. Ainsi un arbre de 10/12 a un tronc qui mesure de 10 à 12 cm de circonférence.

Attention au porte-greffe
Les variétés de fruitiers sont issues de nombreux croisements. Les lois de la génétique ne permettent donc pas d'obtenir, à partir d'un pépin ou d'un noyau, des arbres et des fruits dont les caractéristiques seraient similaires à celles de la variété dont la graine est issue. Pour multiplier les fruitiers, les professionnels greffent des rameaux d'une variété donnée sur la souche d'un autre arbre. Ce dernier est obtenu par semis. Nommé porte-greffe, il est robuste, mais ne donnerait que des fruits à demi sauvages. Vous aurez parfois le choix entre plusieurs porte-greffe pour la même variété. Certaines particularités de terrain exigent en effet le choix d'un porte-greffe adapté. Ce dernier conditionne aussi la taille de l'arbre adulte : les petites formes de poirier sont ainsi greffées sur cognassier, tandis que les formes de plein vent (tige, demi-tige) le sont sur poirier de semis (poirier franc). De même, les cerisiers pour petits jardins sont greffés sur Sainte-Lucie, les autres sur merisier, un arbre à grand développement.

Les pépiniéristes utilisent des porte-greffe différents selon le terrain et la forme désirée.

Planter un arbre fruitier

Du soin que vous apporterez à cette opération dépendent la bonne reprise de l'arbre mais aussi son développement futur et sa productivité. Le choix de l'emplacement, la préparation du trou de plantation et l'apport d'amendements adaptés sont trois étapes essentielles qu'il ne faut pas négliger.

Choisir le bon emplacement

La santé, la beauté et la bonne production d'un arbre fruitier dépendent beaucoup du choix du lieu de plantation. Pensez aux besoins de l'arbre bien sûr, mais aussi à votre propre agrément. Adulte, votre arbre fruitier ne devra pas gêner le passage ou la vue.
Sa silhouette peut s'harmoniser à merveille avec un massif de fleurs ou de petits arbustes. Rien n'empêche non plus de le faire trôner au milieu de la pelouse, à la place d'une espèce purement ornementale. Un arbre adulte peut être associé à des vivaces ornementales, des bulbes (narcisses...), des petits arbustes. Il peut aussi être placé dans une prairie ou sur une pelouse. Mais durant sa croissance, mieux vaut garder le terrain propre au pied du tronc. Par ailleurs, cultiver des légumes autour d'un arbre fruitier, comme on pourrait être tenté de le faire, n'est pas toujours très commode, en raison de l'ombrage notamment. Évitez plus particulièrement les pruniers et les cerisiers aux racines superficielles qui empêchent de travailler le terrain à proximité.

Du soleil et de l'air

Un arbre fruitier ne donnera jamais de résultats satisfaisants à l'ombre ou à mi-ombre. Il doit recevoir le plein soleil la majeure partie de la journée, et ceci dès la floraison (attention aux ombres portées plus longues en demi-saison qu'en été). S'il n'apprécie pas les courants d'air froid, surtout dans le cas des pêchers et des abricotiers, un arbre fruitier a besoin d'air pour rester en bonne santé. Évitez les lieux trop confinés, propices au développement de l'oïdium, de la tavelure, des pucerons et des acariens.
L'idéal est une situation offrant un écran (mur ou haie) face aux vents de nord-ouest ou d'est, qui sont les plus froids. Les vents d'ouest et de sud-ouest peuvent être violents, mais ils apportent de l'humidité et de la douceur, non le gel.

Avant de planter l'arbre, calculez l'encombrement qu'il prendra une fois adulte ; les cerisiers, notamment, deviennent très grands.

Dans le cas des abricotiers ou des pêchers en forme palissée, choisissez un mur exposé au sud ou au sud-ouest pour bénéficier du maximum de chaleur.

Quelques erreurs à éviter

• Un arbre exposé à l'est a plus de risques de voir sa floraison « grillée » par l'alternance brutale du gel et du dégel au petit matin, au printemps.

• Il est déconseillé de planter un jeune arbre fruitier à l'emplacement exact occupé par un arbre qui a été arraché, même si vous changez la terre. Si vous n'avez pas le choix, faites suivre une espèce à pépins d'une espèce à noyau et inversement.

• Il ne faut pas sous-estimer l'encombrement de votre arbre adulte, et le planter trop près d'autres arbres et arbustes ou d'un mur. N'oubliez pas de laisser un espace de 30 cm entre le tronc des formes palissées et leur mur de soutien. Plantez-les en biais.

Le trou de plantation

Planter un arbre ne prend guère plus d'une heure, souvent moins. Ce geste aura pourtant des conséquences durant des décennies, puisque les arbres fruitiers vivent assez longtemps pour être légués à nos enfants, voire à nos petits-enfants.
La plantation conditionne immédiatement la « reprise » du fonctionnement racinaire et de la croissance, ainsi qu'une fructification abondante par la suite et la bonne santé de

l'arbre à l'âge adulte. Si le terrain n'est pas ameubli assez profondément, par exemple, les racines finiront par se heurter à un sous-sol dur et vous verrez votre arbre végéter sans raison apparente et même présenter des taches foliaires alarmantes. Bref, le jeu en vaut la chandelle, soignez la plantation !

Un trou confortable

Creusez un trou de 80 cm de profondeur et autant de largeur. Ne vous escrimez pas à la bêche si votre terrain est compact ou caillouteux. La fourche-bêche, voire la pioche en sous-sol, pour ameublir, puis la pelle pour extraire la terre, sont bien plus commodes. Un délai d'un mois entre l'ouverture du trou et la plantation est préconisé. Cela laisse au sol le temps de s'aérer et de s'ameublir naturellement en profondeur.

Séparez les couches...

Constituez un premier tas avec la terre arable de surface, toujours plus belle et plus noire que celle du sous-sol. Son épaisseur varie selon les terrains. Faites un tas séparé avec la terre extraite en profondeur. Puis ameublissez le fond du trou à la fourche-bêche ou à la pioche : il serait dommage que cette partie soit damée par votre propre piétinement !

... et rebouchez

• Améliorez la terre du fond avec un engrais de fond (voir page 44) ou, si elle est de très mauvaise qualité, changez-la. Rebouchez en partie le trou jusqu'à pouvoir positionner approximativement l'arbre. Le point de greffe, reconnaissable à son bourrelet, doit se situer juste au-dessus du niveau du sol, sachant que ce dernier va se tasser légèrement : comptez donc 10 cm. Étalez bien les racines. Si vous avez acheté l'arbre en pot, démêlez soigneusement le chignon de racines.

• Plantez le tuteur avant de mettre l'arbre en place, afin de ne pas risquer d'abîmer les racines (voir page 38). Attachez provisoirement le tronc, sans serrer, ou faites-vous aider par une autre personne qui maintiendra l'arbre droit.

• Versez entre les racines la terre arable, améliorée par un amendement organique (voir ci-dessous). Tassez avec le pied autour du tronc, en secouant un peu ce dernier sur le plan vertical pour faire pénétrer les particules de terre entre les racines.

• Formez une légère cuvette en tassant la terre autour du tronc. Cela évitera à l'eau d'arrosage de ruisseler, au lieu d'aller vers les racines. Versez immédiatement 20 litres d'eau dans cette cuvette, en la laissant pénétrer petit à petit.

Quel amendement choisir ?

Les amendements sont utiles pour corriger un problème ou un déséquilibre du sol ; au besoin, faites analyser la nature de votre terrain en laboratoire. Le choix de l'amendement dépend aussi des besoins spécifiques des différentes espèces d'arbres fruitiers (voir page 8).

Quelques cas courants sont faciles à résoudre :

• Terre trop lourde, compacte, restant détrempée (fortement argileuse) : apport de sable, de terreau à base de tourbe.
• Terre trop filtrante, sans tenue (fortement sableuse) : double apport de compost de fumier, terreau à base de tourbe, terre végétale argileuse.
• Terre trop calcaire (couleur blanche) : apport de terreau de feuilles de chêne et de hêtre et de tourbe blonde, de tourteau de ricin, de terre de bruyère.
• Terre trop acide (terre à rhododendrons) : apport de lithothamne, de compost de fumier enrichi d'algues, d'amendement calcaire (chaux éteinte).

Les meilleurs composts contiennent de la cendre de bois et des feuilles mortes. Attention, n'y mettez pas celles des fruitiers.

Le compost et les amendements

Indispensable pour améliorer la structure et la vie microbienne du sol, le compost apporte l'humus nécessaire à la fertilité de la terre, améliore la rétention de l'eau et allège les terres argileuses. Il contient aussi une réserve de nourriture qui sera utilisée à moyen terme par l'arbre. Il peut s'agir de compost de fumier, ou de compost de déchets végétaux.
Les amendements servent à corriger les défauts ou les déséquilibres du sol : trop acide, trop lourd, trop sableux...
Ils s'incorporent dans le trou de plantation, à raison de 20 % du volume de la terre d'origine, et par la suite en automne, en surfaçage, comme un paillis.

Quel compost acheter ?

Les composts du commerce sont généralement issus de fumiers de ferme associés à des composts de feuilles, d'écorces, de débris végétaux divers et d'algues.
Ils sont tous très équilibrés. Ceux qui contiennent des algues sont particulièrement indiqués en raison de leur richesse en oligo-éléments, sauf si votre terrain est trop calcaire. Les algues augmentent en effet le pH du sol.

Attention : ne confondez pas compost et terreau. Ce dernier est un support de culture qui peut s'employer tel quel pour la plantation en pot ou en remplacement d'un sol de très mauvaise qualité.

Le compost « maison »

Si vous fabriquez votre propre compost avec les déchets du jardin, les feuilles mortes et les épluchures de légumes, vous pouvez l'utiliser pour la plantation de vos arbres fruitiers à condition qu'il soit bien mûr. Un compost bien mûr ressemble à du terreau (noir et gras) car il est parfaitement décomposé. Le compost contenant des cendres de bois est particulièrement indiqué pour les arbres fruitiers, car la cendre est riche en potasse.

Quelle quantité apporter ?

Les fabricants de composts en sac donnent des indications précises de dosage sur l'emballage. Il est inutile, voire risqué, de les augmenter (cela peut provoquer des brûlures).
Dans le cas du compost « maison », il faut compter 30 litres, pas plus, par trou de plantation. Cela correspond à trois seaux. Vous avez intérêt à épandre à nouveau un peu de compost au pied des arbres fruitiers chaque automne. Un petit demi-seau suffit alors. Griffez ou bêchez ensuite la terre pour faire pénétrer le compost.

Les tuteurs

Mis à part pour les gobelets et les demi-tiges, « bien assis sur leurs pieds » (voir page 24), il est indispensable de soutenir le jeune arbre contre l'effet du vent, en attendant qu'il soit suffisamment enraciné. Un tuteurage peut éviter d'obtenir des arbres prématurément penchés, dans le cas des hautes-tiges plantées dans une prairie ventée. Il permet aussi de conserver la belle silhouette des formes plates palissées travaillée par le pépiniériste. Utilisez de préférence des pieux de châtaignier exempts de traitement.

Laissez un espace de 5 cm au moins entre le tronc et le tuteur.

Soutenir une haute-tige

Enfoncez profondément, à la masse, un piquet de 2,50 m dans le trou de plantation. Procédez avant la mise en place de l'arbre pour ne pas risquer d'abîmer les racines. Le tuteur doit se trouver à 5 cm du tronc environ. Attachez le jeune tronc au piquet en trois à cinq points, avec des liens en caoutchouc ou en plastique.
Évitez absolument le fil de fer, qui blesse l'écorce. Les années suivantes, vous desserrerez ces attaches à mesure que le tronc augmentera de diamètre.

Guider une palmette

Les formes dites plates doivent être obligatoirement palissées (attachées) sur un support en treillage ou constitué de lattes de bois attachées sur une armature. On utilise le plus souvent des fils de fer horizontaux ou des lattes de châtaignier (espacés de 30 cm environ) tendus sur des pitons fixés dans un mur (laissez au moins 5 cm entre la structure et le mur) ou entre des piquets, en bordure d'une allée ou du potager, par exemple. Un treillage décoratif peut aussi convenir. Les rameaux sont fixés sur les fils de fer au fur et à mesure de leur croissance. Les « U » poussent en général bien droit. Pour aider les palmettes obliques à ne pas « gondoler », on soutient parfois les jeunes pousses avec des tuteurs de bambous, eux-mêmes fixés au fil de fer – un travail de fourmi qui donne un aspect soigné et très esthétique à la palmette. On dit qu'il s'agit d'un palissage « à la diable ».

Le pralinage

Ce petit geste tout simple aide beaucoup l'arbre à s'enraciner. Après avoir rafraîchi les racines par une légère taille (pas plus du cinquième de leur longueur), trempez-les de la base au sommet dans une boue d'argile, de bouse de vache et d'eau. On vend aussi des « pralins » prêts à l'emploi dans le commerce, enrichis de nutriments utiles et d'hormones.
Procédez au dernier moment, juste avant la mise en place de l'arbre dans le trou. Vous pouvez mélanger le surplus de pralin à la terre qui recouvrira les racines.

Vérifiez régulièrement les attaches des formes palissées.

Le paillage permet de préserver l'humidité et la tiédeur du sol.

L'arrosage la première année

Si leur variété est adaptée au sol et au climat, les arbres fruitiers adultes n'ont pas besoin d'être arrosés, sauf en cas de sécheresse prolongée ; les palmettes plantées le long d'un mur, qui ne reçoivent sans doute que partiellement l'eau de pluie, sont les seules autres exceptions. Arrosez-les uniquement de la floraison au début du mûrissement des fruits. Pas trop (10 litres chaque fois) mais de façon régulière, pour éviter l'éclatement des fruits.

Les jeunes arbres nouvellement plantés ne seront en revanche pas autonomes avant un an. Insuffisamment arrosés, ils s'enracineront mal, reprendront difficilement leur croissance et fructifieront moins vite.

Quand arroser ?

Apportez l'eau en milieu de journée durant les six mois les plus rudes de l'année, le matin en avril-mai et septembre, le soir (le plus tard possible) en été. Évitez de mouiller le feuillage pour ne pas favoriser l'apparition de maladies.

Arrosez votre jeune arbre individuellement une fois par semaine, quel que soit la météo, d'avril à octobre, en apportant à chaque arrosage 20 litres d'eau, soit deux arrosoirs ; arrosez seulement une fois tous les quinze jours durant son premier hiver (10 litres à chaque fois), si vous l'avez planté en novembre. Dans un sol très sableux, arrosez plus souvent en été, tous les quatre jours à raison de 10 litres chaque fois.

Le paillage : une bonne astuce pour espacer les arrosages

Couvrez le sol au pied du jeune arbre avec une couche de 15 cm de paille, de paillette de lin, de cosses de cacao ou même de tontes de gazon séchées. Il existe aussi des « tapis » de fibres de coco conçus spécialement. Cette couverture, le paillis ou mulch, conservera l'humidité et la fraîcheur du sol en été, sa tiédeur en hiver. La bonne installation et la croissance rapide de votre acquisition vous surprendront. Vous pouvez continuer à pailler un arbre adulte. Pensez toutefois à ôter le paillis chaque année en novembre pour bêcher le sol et apporter du compost. Laissez le sol nu durant quelques semaines pour exposer les parasites au froid.

L'entretien d'un arbre fruitier

La taille est l'opération d'entretien la plus délicate, celle aussi qui inquiète le plus le jardinier novice. On peut heureusement la simplifier, y compris pour les formes palissées, sans compromettre la fructification. La prévention et la lutte contre les maladies et les parasites doivent également retenir toute votre attention.

La taille

La taille de formation

Si vous avez acheté un jeune arbre déjà formé en tige, en gobelet, en fuseau ou en palmette, inutile d'intervenir. Si vous avez acheté un scion (jeune sujet greffé d'un an), il sera nécessaire de guider sa croissance. Le scion est étêté. Les bourgeons situés sous la coupe seront à l'origine des branches charpentières. Écourtées l'année suivante, ces charpentières se ramifieront à leur tour pour donner des rameaux secondaires qui porteront des coursonnes la troisième année. Ce sont les coursonnes qui porteront les fruits.

La difficulté consiste à obtenir une silhouette harmonieuse, avec des charpentières bien réparties autour du tronc. Il faut choisir les plus prometteuses et sacrifier les autres.

La taille de formation s'effectue, quelle que soit l'espèce, à la fin de l'hiver, au moment où la végétation « redémarre » (gonflement des bourgeons).

Une bonne coupe

Lorsque vous raccourcissez un rameau ou une jeune branche, faites-le 5 mm au-dessus d'un bourgeon bien dirigé (jamais vers l'intérieur de la ramure). Tranchez d'un coup net, en biseau à l'opposé de l'œil, de façon que l'eau de pluie ne s'écoule pas sur le jeune bourgeon. Utilisez un sécateur bien affûté et bien à votre main : tout bois broyé ou déchiré est une porte ouverte au développement des maladies.

La taille d'un jeune arbre fruitier

Si vous avez acquis un jeune arbre déjà formé, vous devrez intervenir durant deux ou trois années après la plantation pour maintenir la forme travaillée par le pépiniériste en empêchant l'arbre de pousser de façon anarchique. Il est possible d'obtenir des résultats tout à fait satisfaisants avec quelques principes fort simples. Le but de la taille d'un jeune arbre fruitier est de maîtriser la formation de sa silhouette définitive et d'inciter les jeunes branches à se ramifier, plutôt qu'à s'allonger.

Pommier ou poirier, gobelet ou tige

L'intervention a lieu en mars.

• Éliminez au ras du tronc les rameaux qui, apparaissant trop bas, modifieraient la silhouette de l'arbre. Supprimez les nouvelles branches qui se dirigent vers l'intérieur de la ramure. Celle-ci doit respirer et recevoir le soleil. Si deux nouvelles pousses s'entrecroisent, choisissez la mieux dirigée ou la plus belle et sacrifiez l'autre.

• Supprimez les brindilles desséchées, chétives ou tordues.

• Amputez les jeunes branches principales du quart de leur longueur : coupez un peu moins court celles qui s'allongent trop, un peu plus sévèrement les plus faibles. Plus une branche est taillée court et plus elle repousse vigoureusement !

• Comptez trois à cinq bourgeons sur les rameaux secondaires qui poussent sur les branches principales. Coupez 5 mm au-dessus d'un bourgeon, dirigé de préférence vers l'extérieur de la ramure.

Taille d'un jeune arbre à pépins en gobelet ou en tige.

Taille d'un jeune arbre à noyaux en gobelet ou en tige.

Les plaies mal cicatrisées causent des écoulements de gomme.

Prunier, cerisier, abricotier ou pêcher, gobelet ou tige

La taille s'effectue fin août, quand la sève commence à « redescendre ». Cette intervention estivale évite ou réduit les écoulements de gomme qui épuisent l'arbre.

• Éliminez au ras du tronc les rameaux qui apparaissent trop bas et modifieraient la silhouette de l'arbre. Supprimez aussi les nouvelles branches qui se dirigent vers l'intérieur de la ramure. Celle-ci doit respirer et recevoir le soleil. Si deux nouvelles pousses s'entrecroisent, choisissez la mieux dirigée ou la plus belle et sacrifiez l'autre.

• Supprimez les brindilles desséchées, chétives ou tordues.

• Taillez les longues branches verticales d'un tiers pour qu'elles puissent se ramifier. Ne touchez pas aux pousses latérales ou secondaires.

Taille d'un arbre à pépins adulte (fin d'hiver).

Taille d'un arbre à noyaux adulte.

La taille d'un arbre adulte
Il existe des techniques de taille fort complexes, destinées à accroître au maximum les capacités de fructification des arbres. Mais si l'abondance de la récolte est moins votre but que de vous simplifier la tâche, sachez que ces opérations de spécialiste peuvent être beaucoup plus faciles qu'il n'y paraît. Intervenez chaque année sur vos arbres fruitiers pour éviter qu'ils ne deviennent trop touffus ou trop grands. Ce sera amplement suffisant. Les gestes à connaître dépendent de l'espèce plus que de la forme de l'arbre, exception faite des formes palissées (voir page 43).

Pommiers et poiriers
Intervenez à la fin de l'hiver, avant le gonflement des bourgeons.

- Éliminez les jeunes rameaux qui naissent en bas du tronc, au milieu de la ramure, et ceux qui sont en surnombre. Évitez par exemple que deux pousses ne partent du même endroit ou ne se croisent.
- Raccourcissez les nouvelles pousses vigoureuses : amputez des deux tiers celles qui sont verticales, en haut de l'arbre ; la moitié suffira pour celles qui poussent en oblique. Ne touchez pas aux rameaux orientés à l'horizontale. L'idée est d'éclaircir le centre de l'arbre, pour qu'y circulent bien l'air et la lumière, et d'éviter l'allongement démesuré des branches et des rameaux qui porteront les fruits (coursonnes). Celles-ci se développent presque toujours sur un rameau secondaire. Il y a donc plus de coursonnes sur un arbre bien ramifié.

Sur un arbre d'un certain âge, n'hésitez pas à couper les vieilles coursonnes trop longues à quelques centimètres de la base, au-dessus des petites rides d'où naîtront en deux ans de nouvelles productions fertiles (boutons à fruits).

Pruniers et abricotiers
Intervenez très légèrement après la récolte, entre septembre et novembre. Éliminez le bois mort, les jeunes rameaux très

Épointez les jeunes pousses des pêchers et des abricotiers palissés.

mal placés ou qui s'entrecroisent. Vous pouvez raccourcir d'un quart les jeunes pousses qui déséquilibrent l'harmonie de la silhouette de l'arbre. Les tailles doivent être limitées au minimum.

Cerisiers et pêchers

Les pêchers fructifient sur le bois d'un an uniquement. Le cerisier quant à lui déteste être taillé (cela provoque des écoulements de gomme qui favorisent les maladies). Mais il a parfois besoin d'être contenu dans son développement. Appliquez pour les deux le même traitement très simple : coupez les extrémités des rameaux chargés de fruits au moment de la récolte. Cela favorisera l'émission de jeunes pousses plus près des branches charpentières. Elles fructifieront à leur tour. Profitez-en pour éliminer le bois malade ou mort.

Le cas des formes palissées

Réduits à une petite surface par la taille de formation qu'ils ont subie durant leurs premières années, les arbres en forme de « U » ou en palmette doivent conserver leur belle silhouette.
Les professionnels ont recours à des techniques de taille très complexes, que l'on peut heureusement simplifier. Intervenez de façon simple mais deux fois par an et vos espaliers resteront aussi beaux que productifs.

Pêcher et abricotier

Intervenez en deux temps :
- Au moment de la récolte ou juste après, coupez les rameaux ayant fructifié. Taillez à la moitié de leur longueur les jeunes pousses afin qu'elles se ramifient.
- En mai-juin, épointez les jeunes pousses, en supprimant de un à trois bouquets de feuilles, toujours pour favoriser la ramification.

Profitez-en pour attacher tous les nouveaux rameaux « en arête de poisson ».

Quels outils ?

Utilisez un sécateur bien affûté et désinfecté à l'alcool pour la taille des jeunes rameaux.
Une branche plus conséquente sera coupée avec une petite scie à élaguer puis parée à la serpette pour une taille bien nette.
Pour atteindre les hautes branches des cerisiers et des autres arbres de plein vent, l'échenilloir ou l'ébrancheur télescopique évitent d'avoir à grimper sur une échelle. On actionne la lame depuis le sol avec un cordon.

Un sécateur de bonne qualité est indispensable.

Taille de formation d'un scion (voir p. 40).

Pommier et poirier

Intervenez en deux temps :

• En été (fin juin), épointez les jeunes pousses pour ne laisser que quatre à cinq feuilles à partir de la base de la branche. Éliminez toutes les pousses feuillées qui accompagnent des fruits (ébourgeonnage).

• En fin d'hiver (décembre-février), taillez les rameaux latéraux au-dessus du troisième bourgeon (œil). Simplifiez les coursonnes au maximum en évitant qu'elles ne se ramifient.

La fertilisation

Le phosphore (sigle « P ») permet aux arbres fruitiers de solidifier leur charpente et leur système racinaire, mais aussi de résister aux intempéries et aux attaques de parasites ou de maladies ; il participe également au processus de floraison. La potasse (sigle « K ») leur est nécessaire pour produire régulièrement de bons et gros fruits ; elle joue sur la qualité, mais aussi sur la résistance au froid et à la sécheresse.
Enfin l'azote (sigle « N ») intervient, comme chez toutes les plantes, dans leur croissance et la qualité de leur végétation. Le fer et les oligo-éléments sont également indispensables pour leur santé.
Ces besoins ne sont pas les mêmes que ceux des salades du potager ou de la pelouse. Un engrais contenant trop d'azote, par exemple, favorise une trop grande vigueur de l'arbre et du feuillage, aux dépens de la fructification et de la solidité de la ramure.

Quel engrais acheter ?

Mieux vaut investir dans une formule spécifique « arbres fruitiers ». Selon les marques, elle contient de quatre parts d'azote pour deux parts de phosphore et trois parts de potasse (par exemple : « NPK = 16-8-12 ») à deux parts de phosphore et d'azote pour trois parts de potasse (par exemple : « NPK = 12-12-17).
Si votre terrain est pauvre ou a été très sollicité durant la dernière décennie, choisissez la première, surtout si vos arbres sont jeunes.
Si votre terrain est naturellement très riche en azote (présence d'orties, de mouron...) ou si vous utilisez beaucoup de compost, préférez les compositions contenant peu d'azote, surtout pour les arbres adultes.
Si vous souhaitez jardiner « bio », achetez une formule prête à l'emploi, garantie à base de produits organiques et minéraux. Faire son propre mélange à base de cendre de bois et de poudre d'os est assez hasardeux !
Les engrais de synthèse se présentent sous forme de granulés à épandre au pied de l'arbre. Ils se dissolvent sous l'effet de la pluie ou des arrosages.

Quand et comment appliquer l'engrais ?

Procédez chaque année au printemps, au moment où la végétation « redémarre ». C'est à cette époque que l'arbre a besoin d'une stimulation de son métabolisme et qu'il absorbera au maximum les éléments fertilisants.

• Tracez un cercle théorique à l'aplomb des branches de l'arbre. Cela correspond au volume de ses racines.

• Répartissez la dose d'engrais, en suivant les indications du fabricant, à la périphérie de ce cercle. Appliqué trop près du tronc, l'engrais ne profiterait pas aux racines les plus actives.

L'engrais est très utile au printemps, au moment où la végétation redémarre. Respectez cependant les doses prescrites.

• Griffez légèrement le sol pour faire pénétrer superficiellement les granulés. Arrosez s'il fait sec.

Les erreurs à éviter

• Apporter l'engrais trop tard en saison : les jeunes pousses à la croissance stimulée en été n'auraient pas le temps de s'endurcir avant l'hiver.

• Dépasser la dose prescrite par le fabricant : cela provoquerait des brûlures (taches rousses, feuilles décolorées) et rendrait l'arbre plus sensible aux maladies et aux parasites.

• Suivre certains conseils qui préconisent d'apporter un engrais « coup de fouet potager » ou « reverdissant gazon » aux arbres fruitiers. C'est risquer de provoquer une trop forte pousse du feuillage et de perdre pendant un an au moins le bénéfice d'une bonne fructification.

Maladies et parasites

Seule la prévention permet d'éviter la grande majorité des problèmes sanitaires des arbres fruitiers. Quand l'insecte ou le champignon est bien installé, il devient difficile de l'éradiquer. Les traitements préventifs ne s'effectuent pas au moment où les symptômes sont les plus visibles (à la fin du printemps et au début de l'été), mais à la morte saison et au tout départ de la végétation. Ils sont très simples à appliquer et bien mieux supportés par les arbres. Il suffit de ne pas les oublier !

Une exception à ce principe : les attaques d'insectes très visibles comme les pucerons,

Appliquez l'engrais à l'aplomb de la ramure, car les racines sont aussi étendues que le feuillage.

Les traitements préventifs s'effectuent à la morte saison. Ne traitez pas les arbres lors de la floraison.

qui se traitent par pulvérisation d'insecticide dès leur apparition, avant qu'ils ne se propagent sur toute la plante.

Quels produits utiliser ?

La traditionnelle bouillie bordelaise à base de sulfate de cuivre est efficace contre les maladies et les champignons courants de tous les arbres fruitiers, excepté l'oïdium. Le traitement marque la ramure d'une étrange couleur bleue dont il ne faut pas s'inquiéter. La bouillie bordelaise ne présente qu'un seul défaut, celui d'être mal supportée par les toutes jeunes feuilles (risque de brûlures), d'où la nécessité de l'utiliser en pleine période de végétation ou en prévention lors du gonflement des bourgeons ou de la chute des feuilles (c'est ainsi qu'elle se montre la plus efficace).

La bouillie bordelaise est le seul produit homologué pour son action bactéricide. Elle prévient notamment le feu bactérien. Elle aussi est utilisée en agriculture biologique.
Si vous constatez la présence de « blanc » (oïdium), utilisez du

Quelques précautions à connaître

- Ne traitez jamais par grand vent. Évitez aussi les jours de gel, car les produits perdraient de leur efficacité.
- Écoutez la météo : si des pluies sont annoncées, sachez qu'elles vont lessiver vos traitements et que tout sera à refaire.
- Le port d'un masque et de gants est indispensable pour éviter tout contact direct avec le produit.

soufre mouillable à pulvériser. Mais ne traitez pas par temps trop chaud (plus de 25 °C) car il y a alors des risques de brûlures.
Ayez également en permanence un insecticide spécifique antipucerons. Vous pouvez utiliser le même que celui que vous employez pour vos rosiers. Il se montrera aussi efficace contre les chenilles.
Les acariens ou araignées rouges ne sont détruits que par un produit spécifique à base de dicofol (commun à toutes les marques), à pulvériser à partir de mai quand il fait chaud et sec.
Les séduisants « produits totaux », qui associent insecticide et fongicide, n'ont qu'une efficacité préventive. Mais ils permettent de bien réduire les attaques.

Les pulvérisateurs à lance sont très pratiques : ils permettent de travailler facilement au sol et d'atteindre sans difficultés les plus hautes branches de l'arbre fruitier.

Quel matériel employer ?
Les produits de traitement se présentent sous forme de poudre mouillable ou liquide à diluer dans de l'eau (évitez ceux qui se poudrent « à sec » car ils sont dangereux et peu agréables à utiliser). Respectez scrupuleusement la dose indiquée par le fabricant sur l'emballage et les conditions d'emploi.
Un pulvérisateur à pression préalable de 2 ou 3 litres suffira pour un petit arbre. La mise sous pression s'effectue en donnant quelques coups de pompe. Un pulvérisateur à lance vous permettra d'atteindre plus facilement les hautes branches des grands arbres. Un modèle de 5 à 7 litres à porter sur le dos devrait suffire.
La quantité de solution pour un traitement efficace est d'environ 1 litre pour une palmette, 10 litres pour un grand arbre. Il faut mouiller toutes les branches, les rameaux et les feuilles éventuellement présentes, sur chacune de leurs faces.

Les traitements d'automne
Surveillez la chute des feuilles en octobre-novembre.
Effectuez une pulvérisation de bouillie bordelaise sur tous les arbres dès qu'elle commence. Les maladies et champignons choisissent en effet ce moment pour pénétrer dans les rameaux par les petites plaies naturelles causées par la chute des pétioles.
La bouillie bordelaise entraîne une chute plus rapide des feuilles et par conséquent une dormance plus complète

de l'arbre. Si le temps est très humide ou si vos arbres ont été malades durant la saison, renouvelez l'opération quinze jours plus tard.

Les traitements d'hiver
On pulvérise traditionnellement des bouillies à base d'huile de paraffine en hiver pour étouffer les larves d'insectes en hibernation et, dans le même temps, éliminer les mousses et les lichens. Intervenez en décembre-janvier, puis fin février, en laissant bien ruisseler le produit dans les anfractuosités de l'écorce.

Le blanchiment des troncs est une méthode ancienne qui permet d'assainir l'écorce de l'arbre.

Les traitements de début de printemps
Utilisez un traitement total au moment du gonflement des bourgeons, puis quelques semaines plus tard, quand ils éclatent (débourrement), à la chute des pétales floraux et lors de la formation du fruit (gonflement de l'ovaire). Ces quatre interventions sont généralement suffisantes pour assurer une protection quasi totale des fruitiers pour toute la saison.

L'hygiène : la meilleure des préventions
L'hygiène n'est pas une manie de jardinier tatillon, mais une précaution élémentaire pouvant éviter de gros problèmes sanitaires sur vos arbres fruitiers. Ces précautions simples ne demandent que peu de temps et un peu d'attention :

- Ramassez les feuilles mortes des fruitiers, et encore plus soigneusement celles des arbres qui ont subi une attaque de champignon ou de parasite. Ne les mettez surtout pas à composter : brûlez-les. Faites de même avec les déchets de taille et les fruits abîmés, moisis, véreux ou non consommés.
- Désinfectez systématiquement à l'alcool vos outils de coupe entre deux opérations de taille. Cela évite de transmettre d'un arbre à l'autre des champignons, mais également le terrible feu bactérien.
- Brossez les troncs en hiver avec une brosse métallique. Vous ôterez ainsi les mousses et les lichens qui étouffent l'écorce et, surtout, vous délogerez les larves hivernantes des parasites.

Astuce
Parfaitement « bio » et gratuite, voici une technique pour piéger facilement les parasites au moment où ils descendent hiverner au pied de l'arbre : posez des cartons ondulés autour du tronc ou de vieux tapis sur le sol, vers octobre. Brûlez-les en décembre, avec leurs habitants.

Les fruits gâtés attirent les insectes.

• Remuez la terre à l'aide d'une fourche-bêche au pied de l'arbre, en automne ou en hiver, si cela est possible. Cette action qui décompacte le sol permet aussi d'exposer des larves de parasites au gel meurtrier.
• Renouez avec la tradition en blanchissant les troncs au lait de chaux à la fin de l'hiver (attention : il s'agit de chaux aérienne éteinte, non de chaux vive ou hydraulique). C'est une bonne précaution contre certains parasites, notamment la cheimatobie (ver du fruit). Vous pouvez compléter cette précaution par une ceinture de glu (il existe des bandes prêtes à l'emploi dans le commerce) qui empêchera les fourmis éleveuses de pucerons et les parasites rampants de retourner prendre leurs quartiers d'été dans l'arbre.

L'éclaircissage des jeunes fruits

Ce travail, que l'on fait souvent à contrecœur car on a l'impression de gâcher une partie de la future cueillette, est en réalité le garant de récoltes régulières de fruits d'un calibre satisfaisant, sans risque d'épuiser l'arbre. Il consiste à sacrifier une partie des jeunes fruits, au profit des plus beaux et des mieux placés.

Pourquoi éclaircir ?

Les variétés traditionnelles de pruniers, pommiers et poiriers, notamment, sont sujettes au phénomène de l'alternance. Une année sur deux, elles produisent si abondamment qu'elles s'épuisent. Et l'année suivante, elles se reposent ! Les variétés plus récentes, souvent très productives, voient leurs branches tellement chargées de fruits qu'elles risquent de casser en été. Dans les deux cas, si les bouquets de fruits sont trop importants, ces derniers restent petits et malformés. Sélectionner les plus beaux permet un grossissement optimal tout en évitant à l'arbre de s'épuiser en vain.

Quand et comment éclaircir ?

C'est entre fin avril et mi-juin, selon les espèces et les régions, que les jeunes fruits atteignent la taille d'une noisette (abricots) ou d'une noix (pommes). C'est le bon moment pour intervenir.

La présence de quelques fruits tombés naturellement au pied de l'arbre (chute physiologique) vous préviendra mieux que personne !
Sur un petit arbre comme une palmette, vous procéderez à la main, fruit par fruit, en choisissant les plus prometteurs.
Sur les poiriers, vous éliminerez les fruits se trouvant au milieu du bouquet.
Sur les pommiers, ce seront ceux de la périphérie qui seront sacrifiés. Ne laissez que deux à trois fruits par bouquet, selon la santé de votre arbre et le calibre que vous désirez obtenir.
Sur un grand arbre, contentez-vous de secouer doucement les branches avec une perche (gaule). Les fruits les plus faibles tomberont d'eux-mêmes.

Éclaircissez les jeunes pommes lorsqu'elles sont de la taille d'une noix.

Les onze maladies et parasites les plus courants		
Symptômes	**Responsables**	**Solutions**
Les feuilles prennent un aspect argenté, plombé, se décolorent, puis sèchent et tombent prématurément.	Acariens (« araignées rouges ») visibles à la loupe et formant parfois de fines toiles	Brossez l'écorce des arbres en hiver en insistant sur les anfractuosités et pulvérisez deux traitements d'hiver. Pulvérisez un acaricide spécifique dès qu'il fait chaud et sec.
Feutrage blanc sur les feuilles qui se déforment, puis sur les fruits qui se tachent. La croissance est très ralentie.	Oïdium (« blanc »)	Pulvérisez préventivement un produit à base de soufre : après la floraison, dès que les pétales sont tombés, puis 6 semaines plus tard, par temps doux. En cours de végétation, utilisez un fongicide à base de triforine ou de flusilazole.
Les fleurs et les rameaux se dessèchent puis tombent, laissant apparaître des marques noires. Les fruits pourrissent, se couvrent de taches blanches concentriques et se momifient sur l'arbre.	Moniliose	Traitez préventivement à la bouillie bordelaise au moment de la chute des feuilles puis juste avant la floraison. Coupez et brûlez les fruits et les rameaux atteints.
Les fruits pourrissent et tombent avant maturité. Présence de petits asticots dans la chair.	Ver des fruits (« mouche des fruits »)	Bêchez le sol au pied de l'arbre en hiver pour exposer les larves au froid. Traitez en mai et juin avec un insecticide polyvalent et posez des bandes de glu fin avril, début mai.
Présence de colonies de pucerons bien visibles à l'extrémité des jeunes pousses et sous les feuilles, qui deviennent poisseuses et s'enroulent ou se crispent.	Puceron noir, vert ou brun	Pulvérisez un insecticide spécifique dès l'apparition des premiers insectes. Renouvelez l'opération dès que vous observez de nouvelles colonies.
Duvet blanc sur les rameaux	Puceron lanigère	Enduisez les colonies d'alcool à brûler (au pinceau). Effectuez un traitement d'hiver.

Les onze maladies et parasites les plus courants		
Symptômes	**Responsables**	**Solutions**
Dessèchement subit de l'arbre entier, à partir des jeunes pousses. Les premiers symptômes sont des nécroses.	Feu bactérien	Aucune. Arrachez et brûlez absolument l'arbre atteint pour éviter les contaminations. Prévenez vos voisins et la mairie. En prévention, la bouillie bordelaise pulvérisée à la chute des feuilles est efficace.
Présence de boursouflures et d'écoulements de gomme à la base des branches. Les feuilles pendent et s'enroulent. Les jeunes rameaux peuvent se dessécher entièrement.	Maladies cryptogamiques (champignons) ou bactériennes diverses	Pulvérisez de la bouillie bordelaise au début de la chute des feuilles en octobre, puis 15 jours plus tard. Traitez à nouveau en mars. Supprimez les rameaux atteints et badigeonnez sur la plaie du mastic cicatrisant.
Les fruits sont minés par des galeries creusées par une chenille. Une sorte de sciure ou des déjections noires sortent par le trou.	Carpocapse	Placez sur les arbres des pièges sexuels à phéromones pour capturer les mâles, ce qui évitera la fécondation des femelles.
Présence de cloques sur les feuilles qui deviennent rouges et tombent prématurément. Les jeunes rameaux se tordent et meurent.	Cloque du pêcher	Préventivement, pulvérisez de la bouillie bordelaise au début de la chute des feuilles puis 15 jours plus tard, et enfin en février, lorsque les boutons à fleurs commencent à rosir. Les produits à base d'oxychlorure de cuivre et de doguadine peuvent être appliqués dès les premiers symptômes.
Taches noires et rugueuses sur la peau des fruits en voie de maturation et sur les feuilles. Récolte souvent normale mais moindre conservation des fruits, qui sont abîmés.	Tavelure	Pulvérisez de la bouillie bordelaise au moment de la chute des feuilles puis au gonflement des bourgeons (vers mars). Ramassez et brûlez les feuilles. Traitez au malathion à la fin de l'hiver.

Les vieux arbres non entretenus deviennent vite broussailleux ; il est nécessaire de les entretenir régulièrement.

Rajeunir un arbre vénérable

Après l'achat d'une maison ancienne, on dispose souvent de magnifiques et vieux arbres, le plus souvent en forme de haute-tige. Sauf s'ils sont mourants, n'hésitez pas à les restaurer. Ils vous feront sans doute la surprise de produire à nouveau des fruits délicieux, d'une variété ancienne introuvable aujourd'hui. Ces variétés, dont beaucoup disparaissent chaque année, intéressent les associations de préservation comme *Les Croqueurs de Pomme*. Elles vous demanderont peut-être des greffons et vous aurez contribué à sauver un patrimoine précieux !

Il est possible que l'arbre ne vous offre que d'anciennes poires à alcool aussi dures qu'immangeables ou des pommes à cidre dont vous n'aurez que faire. Cela vaut pourtant la peine d'essayer. De toute façon, la silhouette contournée de l'arbre pourra suffire à votre bonheur. Sachez toutefois que les cerisiers et les pruniers survivent rarement à un élagage sévère. Quant aux pêchers et abricotiers, leur longévité est moindre que celle des autres espèces.

Une taille réfléchie

Procédez en hiver, lorsque l'arbre se trouve au repos complet. Il s'agit de favoriser la pousse de jeunes branches et d'éclaircir une ramure devenue surchargée et désordonnée. Bien sûr, ne coupez pas toutes les branches à ras. L'arbre aurait du mal à repartir. Supprimez celles qui sont malades et attaquées par des chancres (crevasses). Raccourcissez, jusqu'à la partie saine, celles qui sont en partie desséchées. Observez les ramifications des branches qui restent. Supprimez celles qui se dirigent vers l'intérieur de la ramure ou encombrent le centre de la touffe. Coupez au-dessus du deuxième ou troisième bourgeon les jeunes rameaux qui poussent verticalement. Le but est d'encourager l'élargissement de la silhouette et de lui redonner un aspect harmonieux, bien symétrique. Au final, vous aurez éclairci l'arbre d'un bon tiers, au maximum de la moitié, de son volume de départ. En cas d'hésitation, vous pourrez compléter ce travail l'hiver suivant. Vous serez à même d'observer, alors, comment l'arbre a réagi à vos premières interventions.

Une bonne coupe

Ne coupez pas la branche au ras du tronc, mais à l'endroit où elle commence à se rétrécir (3 ou 4 cm de la base). Pour éviter toute déchirure, commencez la coupe par-dessous, à 20 cm du tronc.

Si vous lui apportez des soins réguliers et appropriés, un pommier pourra vivre très vieux et vous offrira d'heureuses surprises.

Sciez ensuite par-dessus et accompagnez la branche dans sa chute. Vous serez plus à l'aise pour couper proprement le « moignon » restant. Une scie à élaguer à dents fines constitue le meilleur outil pour ce travail, car elle forme une plaie plus régulière. Réservez la tronçonneuse au débitage du bois.

Il est ensuite indispensable de traiter les plaies de coupe supérieures à 2 cm de diamètre. Tranchez horizontalement le pourtour avec une serpette de jardinier bien affûtée pour rendre la coupe bien lisse, sans morceaux d'écorce qui dépassent. C'est le parage. Badigeonnez la plaie de goudron de Norvège ou d'un mastic cicatrisant du commerce.

Un régime riche et quelques soins

Une bonne nourriture aidera l'arbre à « redémarrer ». Ouvrez une tranchée à l'aplomb de la ramure, sans craindre de couper les racines, sur 30 cm de profondeur. Placez-y du terreau, enrichi de compost et d'engrais complet (voir page 37). Puis refermez et arrosez abondamment. Sur le tronc et sur les grosses branches, éliminez jusqu'au bois sain toute partie desséchée, creuse ou bien couverte d'un écoulement de gomme. Recouvrez la plaie avec du mastic cicatrisant. Un bon brossage du tronc, un traitement préventif contre les maladies et la pose de bandes de glu contre les insectes rampants seront aussi appréciés (voir page 49).

CALENDRIER DES SOINS				
		Abricotier	**Pêcher**	**Cerisier**
Janvier	Pulvérisez un traitement d'hiver sur tous les arbres.	Coupez des branches jeunes pour obtenir des greffons destinés aux greffes de printemps.	Détachez les branches des arbres palissés et remettez-les en place.	Plantez par beau temps. Paillez le pied des jeunes arbres.
Février	Faites un traitement en fin d'hiver sur tous les arbres.	Traitez avec un produit total quand les bourgeons sont bien gonflés.	Traitez contre la cloque.	Bêchez superficiellement au pied des arbres pour décompacter le sol, et apportez un engrais.
Mars	Apportez un engrais « arbres fruitiers » sur tous les arbres qui commencent à démarrer.	Abritez des gelées tardives les arbres qui ont déjà démarré leur croissance.	Pulvérisez de l'eau sur les fleurs s'il y a un risque de gelée.	Traitez contre les premiers pucerons. Étalez un paillage au pied des jeunes arbres.
Avril	Toutes les plantations doivent être terminées.	Paillez le sol au pied des arbres avec un paillage d'écorces.	Effectuez un traitement total après la chute des pétales floraux.	Éliminez les écoulements de gomme et enduisez les parties blessées avec un mastic cicatrisant.
Mai	Effectuez un traitement total au moment de la formation des fruits (gonflement de l'ovaire de la fleur).	Arrosez par temps sec. Formez les jeunes arbres.	Arrosez par temps sec. Éclaircissez les fruits en surnombre.	Pincez les rameaux qui poussent trop vigoureusement, en les réduisant de moitié.
Juin	Désherbez le pied des jeunes arbres.	Étayez les branches très chargées en fruits, pour éviter les cassures. Arrosez s'il fait sec.	Terminez l'éclaircissage pour éviter l'épuisement de l'arbre. Épointez les jeunes pousses sur les formes palissées.	Traitez par temps sec et chaud contre les acariens et l'anthracnose. Placez des affolants dans les arbres... Les oiseaux adorent les cerises.
Juillet	Cessez tout traitement au moins dix jours avant la récolte.	Éliminez quelques feuilles pour exposer les fruits au soleil ; ils seront plus savoureux.	Arrosez généreusement après la récolte, mais ne mouillez pas le feuillage, sauf le soir, après la canicule.	Ne laissez pas les fruits pourrir sur l'arbre, ramassez-les et brûlez-les.
Août	Placez des pièges à guêpes dans tout le verger.	Terminez les récoltes.	Récoltez les fruits. Arrosez. Mouillez le feuillage le soir après les fortes chaleurs.	Griffez le sol autour des arbres pour aérer les racines. Arrosez bien.
Septembre	Commandez les catalogues d'automne des pépiniéristes qui viennent de sortir.	Sarclez le pied des arbres pour éviter l'invasion des mauvaises herbes.	Éliminez les rameaux qui ont porté des fruits. Effeuillez les pêchers tardifs pour exposer les fruits au soleil.	Élaguez les arbres devenus trop hauts sans couper plus du tiers de chaque branche.
Octobre	Récoltez tous les fruits avant les premières gelées.	Pulvérisez une bouillie bordelaise au début de la chute des feuilles.	Pulvérisez une bouillie bordelaise pour hâter la chute des feuilles, ce qui protège bien de la cloque.	Mastiquez les plaies de taille qui exsudent de la gomme.
Novembre	À la Sainte-Catherine, tout bois prend racine : c'est le meilleur mois pour les plantations.	Mettez en jauge les arbres qui arrivent de la pépinière par temps froid.	Supprimez le bois mort avant que la chute des feuilles ne soit totale.	Traitez à la bouillie bordelaise quand les feuilles sont tombées.
Décembre	Ramassez et brûlez les feuilles mortes.	Haubanez les arbres dans les régions soumises à des vents violents.	Brossez l'écorce pour la débarrasser des parasites. Apportez une fumure organique aux nouvelles plantations.	Ne taillez surtout pas, sauf pour éliminer éventuellement une branche morte. Vous pouvez en revanche tailler les rameaux des jeunes arbres.

CALENDRIER DES SOINS

Poirier	Pommier	Prunier	
Élaguez les arbres de plein vent. Labourez au pied de tous les arbres.	Commencez la taille fruitière. Surveillez les fruits en conservation. Éliminez les chancres.	Grattez l'écorce si elle est recouverte de mousses et de lichens. Éliminez le gui.	Janvier
Marcottez les cognassiers par buttage (en cépée) pour obtenir des porte-greffe de poirier.	Élaguez les vieux arbres. Semez des pépins de pommes, afin d'obtenir des porte-greffe.	Éliminez les écoulements de gomme et enduisez les plaies avec du mastic cicatrisant.	Février
Labourez au pied des arbres.	Semez les pépins de pommes stratifiés durant l'hiver pour obtenir des porte-greffe francs.	Terminez les plantations des arbres à racines nues.	Mars
Palissez les nouvelles pousses des arbres conduits en espalier. Paillez le pied des arbres.	Traitez contre l'oïdium. Apportez un engrais riche en azote en cas de besoin.	Traitez contre les pucerons.	Avril
Traitez contre la tavelure. Ébourgeonnez.	Traitez contre le puceron vert. Palissez les jeunes pousses des arbres en espalier.	Traitez contre la rouille et les pucerons. Désherbez le pied des arbres.	Mai
Traitez contre la chlorose en sol calcaire. Épointez les jeunes pousses sur les formes palissées. Ensachez les plus beaux fruits.	Éclaircissez les fruits trop nombreux. Palissez les prolongements des arbres cultivés en espalier. Ensachez les plus beaux fruits.	Étayez les branches très lourdement chargées de fruits.	Juin
Traitez contre les araignées rouges.	Vérifiez que les ligatures des rameaux palissés et du tronc des jeunes arbres ne les étranglent pas. Nettoyez les chancres.	Renforcez les étais si les branches plient sous le poids des fruits.	Juillet
Commencez les premières récoltes. Retirez les sacs à fruits pour que les poires se colorent.	Préparez le local de conservation, des fruits et désinfectez-le. Retirez les sacs à fruits pour que les pommes se colorent.	Récoltez, en séparant bien les fruits parfaits de ceux qui présentent des taches ou des malformations.	Août
Récoltez les poires d'été. Palissez les prolongements des arbres en espalier.	Récoltez les pommes d'automne et stockez-les dans un local frais. Détruisez les fruits tombés au sol.	Ramassez les fruits abîmés qui se trouvent encore au pied de l'arbre.	Septembre
Récoltez les poires d'automne et d'hiver. Enduisez le pédoncule des fruits avec de la paraffine (ou de la cire) après la récolte.	Récoltez les pommes d'hiver. Marquez les branches à élaguer, avant que les feuilles ne soient tombées.	Détruisez les fruits momifiés qui restent encore sur l'arbre.	Octobre
Consommez les dernières poires et vérifiez l'état des armatures des espaliers et des ligatures.	Surveillez l'état des fruits en conservation. Éliminez ceux qui sont tachés. Badigeonnez le bas des troncs à la chaux.	Traitez avec un fongicide après la chute des feuilles.	Novembre
Commencez la taille de fructification et éliminez les rameaux déformés.	Élaguez les grands arbres trop vigoureux. Grattez les chancres et supprimez les branches trop atteintes. Procédez à un traitement d'hiver.	Entourez la base du tronc des jeunes arbres avec un grillage, pour les protéger des lapins.	Décembre

Récolter et conserver les fruits

Le moment tant attendu – celui de la récolte et de la dégustation – est enfin arrivé. Encore faut-il parvenir à protéger ce précieux butin de la convoitise des oiseaux et des insectes ! Et si la saison a été favorable, trouver le mode de conservation le plus adapté pour en profiter le plus longtemps possible...

La protection des récoltes

Nous ne sommes pas les seuls à apprécier, au jardin, une cerise gorgée de jus et de soleil !
Quelques précautions sont indispensables pour mettre à l'abri de l'appétit des oiseaux les cerisiers, et des guêpes les pruniers et les abricotiers.

Piéger les guêpes

Les pièges à guêpes sont très faciles à réaliser : remplissez à demi une bouteille en plastique d'eau sucrée au miel. Certains utilisent des restes de jus de fruit. Dans sa partie supérieure, percez-la de trous de 5 à 7 mm de diamètre. Suspendez-la dans l'arbre à protéger peu avant la maturité des fruits. Les guêpes viendront s'y noyer.

Attention : ne percez pas de trop gros trous, les très utiles abeilles risqueraient d'être victimes du piège.

Éloigner les oiseaux

Les oiseaux gourmands sont plus difficiles à juguler. La traditionnelle pose de filets sur l'arbre fruitier est très délicate dans sa mise en œuvre, même pour un arbre de petite taille. En outre, les filets constituent parfois des pièges mortels pour certains petits oiseaux qui s'emmêlent les pattes dans les mailles. N'oubliez pas que, malgré tout, ce sont nos amis !
Les effaroucheurs peuvent avoir une certaine efficacité, à condition d'être mis en place au tout dernier moment, quand les fruits sont mûrs. Si vous le pouvez, déplacez-les tous les jours. Suspendus dans les branches, plats en aluminium, bandes de papier argenté et

Le conseil des amis de la nature

Inutile de faire fuir tous les oiseaux de votre coin verger. Il est prouvé que les mésanges dévorent efficacement les pucerons et les vers des fruits. Les jardiniers « bio » installent donc des nichoirs dans les arbres chaque hiver. Un trou d'entrée de 28 à 32 mm de diamètre seulement empêchera les moineaux de jouer les squatters.

autres affolants reflètent le soleil et bruissent sous le vent. Certains affirment qu'un sac de moules bien pourries fait fuir à coup sûr la gent ailée pour une somme modique, mais il risque d'en être de même pour le jardinier et son voisinage ! D'autres ont testé avec succès un partage bien pensé : ils exposent quelques fruits commodes d'accès à côté de l'arbre, ce qui évite aux autres, restés sur les branches, d'être tous « goûtés » dans le plus parfait gâchis.

L'ensachage des fruits
C'est la solution préconisée par les perfectionnistes pour protéger au mieux les récoltes. On obtient des fruits parfaits en les enveloppant individuellement, vers la fin mai, immédiatement après l'éclaircissage (voir page 49), dans un sac en papier kraft ou paraffiné maintenu par un élastique. Traditionnel pour les formes palissées, l'ensachage est toutefois difficilement envisageable pour les grands arbres.

La cueillette

Il n'y a guère que les pruniers que l'on puisse secouer… comme des pruniers, et encore ! Il est préférable d'agiter délicatement leurs branches avec une perche pour faire tomber les prunes mûres à point.

Les fruits, et notamment les pommes, doivent être récoltés lorsqu'ils se détachent facilement.

Une cueillette soigneuse et respectueuse des organes de l'arbre garantit à la fois la meilleure conservation possible des fruits et la préservation de la bonne santé de la plante.

Quand faut-il cueillir les fruits ?
On récolte normalement les fruits à pleine maturité (c'est ainsi qu'ils offrent toute leur saveur), sauf dans le cas des pommes et des poires de garde. La chute de quelques fruits à la faveur d'un coup de vent doit vous alerter. Si vous tardez, ils blettiront sur la branche. Le pédoncule doit se détacher facilement lorsque vous saisissez le fruit dans la paume de la main.

Pour les variétés de pommes et de poires qui se conservent durant plusieurs mois (voir pages 15 et 16), on distingue la maturité de cueillette (maturité physiologique) et la maturité gustative.
Certains fruits sont bons à manger de décembre à mars. Mais en octobre, ils sont encore durs et verts ! C'est pourtant à ce moment qu'il faut les récolter pour les mettre à l'abri. Ils y finiront leur maturation. Attendez le plus longtemps possible pour qu'ils puissent se gorger de soleil. Mais ne laissez pas les premières gelées les abîmer. La mi-octobre constitue une date moyenne pour de nombreuses régions.

La maturité des cerises ne peut s'apprécier qu'au palais ! N'attendez pas pour les récolter.

Comment procéder ?

• Prélevez les *pommes* et les *poires* une par une, sans les faire tomber au sol. Saisissez le fruit dans la paume de la main. Pour les poires, effectuez un mouvement de levier vers le haut, sans tirer ni casser le rameau par un geste brusque. Pour les pommes, tournez délicatement le fruit, comme si vous le vissiez. Le fruit vient avec son petit pédoncule. Attention, ne blessez pas les fruits avec le pouce ou avec les ongles, surtout si vous souhaitez les conserver longtemps.

Une astuce pour vos récoltes sur les grands arbres : cueillez sans jouer les acrobates sur une échelle en utilisant un cueille-fruit, sorte de pochon en tissu monté sur une longue perche télescopique. Une légère pression fera tomber le fruit dans ce réceptacle.

• Cueillez les *cerises* par paires, avec leur pédoncule (queue) impérativement. Pour vous emparer des fruits situés sur les branches les plus hautes tout en contenant la croissance de votre cerisier et sans lui faire de tort, coupez à l'échenilloir ou au sécateur à deux mains (ébrancheur) l'extrémité d'un rameau bien chargé de fruits.

• Les *pêches* et les *abricots* se détachent sans le pédoncule. Très délicats, sensibles au moindre choc, ils doivent être cueillis un à un, très soigneusement. N'hésitez pas à couper au sécateur l'extrémité d'un long rameau garni de fruits. Vous pourrez alors les détacher tranquillement.

• Les *prunes* destinées aux confitures ou aux eaux-de-vie peuvent tomber au sol sans problème. Étendez un vieux drap ou une bâche au pied de l'arbre afin d'amortir les chocs et d'éviter la salissure des fruits. À l'aide d'un long bâton de bois, faites vibrer la souple extrémité des branches pour provoquer la chute des fruits. Ne frappez surtout pas, cela casserait feuilles et rameaux.

Triez soigneusement les pommes fraîchement récoltées : seules celles dont l'état est parfait, c'est-à-dire sans taches, se conserveront bien.

La conservation

Heureux et ravi mais parfois désemparé, celui qui se retrouve un beau jour avec 20 kg de délicieuses pêches mûres à point ! Il pensera bien sûr à en offrir une partie à sa famille et à ses voisins, qui l'approvisionneront peut-être à leur tour en tomates, en salades ou en fruits différents des siens…

Mais il existe aussi des moyens efficaces pour profiter d'une récolte plus de deux ou trois semaines. Certaines variétés de poires ou de pommes se conservent sans équipement spécial durant plusieurs mois (voir pages 15 et 16).

Pêches et abricots gardent des qualités intéressantes une fois stérilisés. Les prunes parfument délicieusement les alcools.

Enfin, tous les fruits se congèlent bien, moyennant quelques précautions à connaître. Ils ne seront bien sûr plus aussi agréables à croquer une fois décongelés, mais seront les bienvenus pour la confection de délicieuses salades de fruits, de glaces et de tartes tout au long de l'année.

Conserver les pommes

Pourvu qu'il s'agisse d'une variété de garde, vous pouvez conserver les pommes au grenier, à la cave ou dans une remise, dans tout endroit frais, sombre, pas trop sec et ventilé. Certains utilisent un vieux congélateur (bien sûr débranché) dont les joints percés de trous laissent passer l'air. Évitez de stocker à proximité de grandes quantités d'oignons et d'ail, ou des pommes de terre.

Installez les pommes queue en bas, sans qu'elles se touchent, sur des clayettes ou dans des cageots remplis de paille ou de papier journal. Choisissez les plus belles pour les envelopper individuellement de papier, afin qu'elles demeurent juteuses et croquantes.

- La gelée de pomme est appréciée lorsqu'elle est relevée de cannelle, de rose (pétales broyés ou eau de rose), de vanille, ou acidulée d'un peu de citron.
- La compote peut se conserver durant quelques semaines, en bocal, si elle est suffisamment sucrée.
- Vous pouvez congeler des quartiers de pommes pelés et coupés en morceaux, séchés à four chaud durant deux minutes puis placés dans des bacs et saupoudrés de sucre. Ils seront tout prêts pour les tartes ou les compotes « maison ».

La poire 'Conférence' doit être cueillie bien mûre et dégustée dans les deux à trois semaines qui suivent.

Conserver les poires

Quelques variétés de poires peuvent résister de quatre à six semaines, voire plus (voir page 16). Trempez le bout de la queue dans de la paraffine ou de la cire à cacheter. Rangez les fruits, le pédoncule dirigé vers le haut, sur des clayettes ou des cageots, loin des pommes et des autres récoltes. Le local de conservation doit être le plus frais possible, mais pas trop sec, afin que les fruits se flétrissent le plus tard possible. Consommez-les rapidement.

- Si l'aspect un peu fastidieux de la stérilisation des bocaux ne vous rebute pas, vous pourrez préparer des poires (épluchées, coupées en deux) au sirop de sucre. Elles sont très appréciées dans les charlottes ou les autres pâtisseries, notamment au chocolat.
- Les poires se congèlent crues, pelées et coupées en gros morceaux. Il faut les recouvrir de sirop de sucre pour leur éviter de se répandre en liquide lors de la décongélation. Vous pourrez aussi les utiliser pour les desserts, crues ou cuites.

Attention : pour conserver les pommes et poires au fruitier, à la cave ou au grenier, ne retenez que les fruits impeccables, sans le moindre coup de bec d'oiseau, trou de ver ni tache de pourriture ou de choc. Inspectez très régulièrement votre stock pour en éliminer les fruits qui commencent à se gâter. Désinfectez chaque année clayettes et cageots et faites brûler du soufre dans le local.

Tremper la queue des poires dans de la paraffine est une technique traditionnelle qui évite aux poires de flétrir trop vite.

Conserver les prunes

• Les prunes se congèlent très bien entières, dénoyautées. Vous pourrez en garnir tartes, salades de fruits et gâteaux.

• La gelée de prune est facile à réaliser, fine de goût mais parfois un peu fade : relevez-la avec des fruits rouges ou d'un autre parfum à votre goût.

• Les prunes à la fois sucrées et acides sont les meilleurs fruits à laisser macérer dans l'alcool.

• Avec les variétés adaptées, vous pouvez faire vos pruneaux : placez les prunes telles quelles dans le four à 80 °C, durant environ 24 heures, puis laissez-les refroidir. Recommencez ainsi une ou deux fois. Conservez les pruneaux dans des sacs en papier, eux-mêmes rangés dans des boîtes métalliques.

Conserver les cerises

• Les cerises se congèlent très bien entières, mais il faut les avoir dénoyautées au préalable. Elles s'utilisent ensuite pour les glaces, les salades de fruits, les bavarois ou les clafoutis...

• Les cerises à l'eau-de-vie sont faciles à confectionner. Vous les utiliserez en pâtisserie. L'eau-de-vie elle-même, très parfumée, aromatisera crèmes, gâteaux et salades de fruits, ou se dégustera comme digestif.

Conserver les abricots

• Les abricots tout juste cueillis se congèlent après avoir été passés deux minutes au four, pelés et dénoyautés. Ils seront ainsi meilleurs, pour les tartes, que les fruits au sirop.

• La confiture d'abricots est meilleure lorsqu'on y ajoute quelques amandes amères, présentes dans les noyaux.

Conserver les pêches

Les pêches sont les fruits les plus délicats à conserver, car elles sont gorgées de jus.

• Pelées, coupées en deux (sans le noyau) et bouillies une minute dans du sirop, elles peuvent être congelées dans des bacs. Elles accompagneront des glaces.

• Les cordons bleus préparent des bocaux de pêches au sirop à stériliser soigneusement.

La liqueur de vieux garçon

Confectionnez un délicieux digestif en remplissant un bocal d'eau-de-vie de grains « spécial fruits », de cerises, d'abricots et de prunes et enfin de l'équivalent du poids des fruits en sucre. La cuisson n'est pas nécessaire, mais il est conseillé d'entailler ou de percer les fruits, pour éviter l'éclatement. Laissez macérer deux mois au moins.

INDEX

Les chiffres en caractères gras renvoient aux illustrations.

Crédits photographiques

Toutes les photos sont de Émilie Courtat, à l'exception de celles de l'agence MAP :
A. Descat : pp. 2 (en haut), 6 (à droite), 7, 10, 18, 19 (à gauche),
28, 34 , 39 (à droite), 40 (en bas), 46 (à droite), 58, 60 ;
F. Didillon : pp. 19 (à droite), 20, 35, 45 ; F. Gager : p. 5 ; Y. Monel : p. 9 ;
N. et P. Mioulane : pp. 17, 26, 31 (en bas), 33, 37, 38, 39 (à gauche),
40 (en haut), 46 (à gauche), 47, 49 (en bas), 61 ; F. Strauss : pp. 21, 56.

Secrétariat d'édition :
Isabelle Macé

Conception et réalisation de l'intérieur :
Béatrice Lereclus

Conception et réalisation de la couverture :
Guylaine et Christophe Moi.

Dépôt légal : 8783.02.2001
N° d'édition : OF09936
ISBN : 2.01.620800.7
62.63.0800.02.3

Impression :
G. Canale & C. S.p.A., Turin (Italie).